法学理论与实践探索

郭长星　武洁　杨忠敏　著

辽宁大学出版社 | 沈阳
Liaoning University Press

图书在版编目（CIP）数据

法学理论与实践探索/郭长星，武洁，杨忠敏著
. --沈阳：辽宁大学出版社，2024.6
　ISBN 978-7-5698-1562-7

Ⅰ.①法…　Ⅱ.①郭…②武…③杨…　Ⅲ.①法学－
理论研究　Ⅳ.①D90

中国国家版本馆 CIP 数据核字（2024）第 074285 号

法学理论与实践探索
FAXUE LILUN YU SHIJIAN TANSUO

出　版　者：辽宁大学出版社有限责任公司
　　　　　　（地址：沈阳市皇姑区崇山中路 66 号　　邮政编码：110036）
印　刷　者：沈阳市第二市政建设工程公司印刷厂
发　行　者：辽宁大学出版社有限责任公司
幅面尺寸：170mm×240mm
印　　张：14.25
字　　数：210 千字
出版时间：2024 年 6 月第 1 版
印刷时间：2024 年 7 月第 1 次印刷
责任编辑：李珊珊
封面设计：韩　实
责任校对：郭宇涵

书　　号：ISBN 978-7-5698-1562-7
定　　价：78.00 元

联系电话：024-86864613
邮购热线：024-86830665
网　　址：http://press.lnu.edu.cn

前　　言

　　理论是法学发展的灵魂和指引，而实践则是理论的检验和应用。在法学理论方面，应不断深化对法律本质、法律规则、法律逻辑等方面的研究，探索法律体系的内在逻辑和价值取向，为法治建设提供理论支撑和思想指导。单纯的理论研究往往无法满足社会发展的需要，法学理论必须与实践相结合才能真正发挥作用。对法律实践的观察和研究，可以为法学理论的发展提供新的思路和范畴。因此，法学理论与实践探索应当相辅相成、相互促进，以推动法学领域的不断进步和法治建设的持续发展。

　　本书旨在深入研究法学领域的理论与实践问题，为法学教育和实践提供有益的启示和指导，通过全面剖析法学理论与实践的基本概况，揭示该领域的发展趋势和关键问题，为法学理论与实践的探索提供宝贵的经验和思想支持。

　　本书注重章节之间的逻辑性和连贯性，以确保内容呈现的完整性和系统性。每一章节都精心设计，相互之间联系紧密，使读者能够构建系统化的知识框架。另外，全书涵盖的内容全面且丰富，涉及法学的各个领域，包括但不限于法律体系、司法实践、法律解释等，为读者提供了全面而深入的学习与应用资源。这两大特色使本书成为一本理论与实践并重、内容全面且系统的法学探索之作，适合广大法学学习者及从业者参考使用。

本书在写作的过程中得到许多专家学者的指导和帮助，在此表示诚挚的谢意。书中所涉及的内容难免有疏漏与不够严谨之处，希望读者和专家能够批评指正。

目　　录

第一章　法的基本概述

第一节　法的实质与形式

一、法的实质

（一）法与平等

人类内心深处都渴望得到尊重，这是人类追求平等的心理起源。法律若对相同的人却赋予不同的权益，人们的人格自尊会因此受到一定的伤害。这种不平等对待的情况令人心生反感，因而人们迫切希望法律制度建立在人人平等的基础之上。相同的情况享受一样的待遇指的就是法律意义上的平等。出于不同的角度，平等的含义具有不同的解释，如法律地位的平等、分配制度的平等、政治参与权利的平等。

（二）法与自由

"自由与法的关系具有矛盾和统一的关系，我们在论述法的定义的时候，不得不谈到自由，自由保证着法的合理性和自然的属性。"[①] 在法治社会，保护自由是紧要目标。例如，监禁在早期社会中是一种法律惩罚，在一定程度上剥夺了人身自由。同时，通过为社会忠心付出，取得卓越功绩的勇者，会得到价值最高的自由奖赏。在人类社会早期，法律制度

---

① 臧百挺. 论法与自由 [J]. 商品与质量，2012（S4）：200.

的建立始终将自由作为首要因素。

（三）法与安全

安全既是社会主体行使权利、履行社会义务的重要保障，也是人们享受自由平等权利的首要前提。安全可以让人们更长久稳定地享受生命、财产、平等以及自由等权益。

自由、平等体现的是公民的权利和义务在法律制度上的公平，安全则是国家职能在法律层面的设定。国家和公民在《中华人民共和国刑法》《中华人民共和国国家安全法》《中华人民共和国出境入境管理法》《中华人民共和国国防法》的保护下免受外来入侵和渗透的危害；国家权益和公民人身、财产受《中华人民共和国刑法》《中华人民共和国治安管理处罚法》赋予的民主政治权利保护；公民就业、医疗保健和养老保险等方面安全受《中华人民共和国劳动法》《中华人民共和国社会保险法》和《中华人民共和国社会救助法》的保护；自然生态环境在各种环境保护法的保护下不受损害；国家的金融、贸易领域由各种经济和金融法律法规调控安全。

人们通常会将法律意义上的安全和法律秩序相混淆，但是法律制度中的秩序和安全是两种不同的概念，在本质上存在很多差异。秩序是对法律制度形式结构的一种表述，以调整、制约、管理人类各种事务为主要职能，主要体现为具有法律效力的各项规则、标准、原则等。与此同时，安全对于人类具有非常重要的实质价值。社会关系正义性是安全制度完善与施行的重要保障。安全与秩序对法律制度存在状态的要求不同，安全不但体现了正义的本质价值标准，而且关系着国家职责分配的指导性原则。

二、法的形式

（一）法律秩序体现的形式正义

生活在法律秩序下的人们，不管是从事经济活动还是进行其他社会活动，都会表现出一致性、连续性、确定性和可预测性。为了让这些有利于人类发展的行为特点延续下去，法律制度便要在一定形式上体现法律正义。这些形式正义需求具体表现为以下五点。

1. 法律具有公开性

法律公开是法律发展史上一次重大变革，涉及各民族的历史发展。法律公开打破以往法律的封建束缚，将全部法律内容公开透明地公示给人们，并要求人们遵守各项法律内容。只有公开的法律才能被人们知晓，才能培养人们知法、懂法、用法的能力，才能逐渐引领人们适应法律规则，从而做到凡事讲究依法行事，形成优质有序的社会环境。如果法律依旧固步自封，或者不能完全公开，那么就无法规范人们的行为，造成社会的无序。

2. 法律规则具有普遍适用性

法律规则需要适用于大范围内的社会主体，并且可以限制、调整人们行使各种权益的具体行为。适合用于约束人们普遍行为的规则就是法律认可的或者明令禁止的内容。在法律规则普遍适用性的要求下，法律规则要对身居不同社会层次的社会个体一视同仁，不能区别对待，任何违法行为都要根据法律规定酌情判决，对相同的违法行为要平等处理。

3. 法律规则内容具有确定性

法律规则的内容要明确界定人类的各种行为，如行为主体的身份条件、时间、地点、适用法律规则的缘由等。当出现法律规则之外或者不明确的语言表达时，法律对此类问题的处理要公私分明。法律规则只适用于公法适用的范围，在刑法上表现为无法明文不为罪，严格约束法律规则在公法领域的施行，同时恰当调整法律规则在公法领域的法律溯及既往的效力。私法则允许事件主体采取个人行为或诚信原则解决问题。

4. 法律规则系统具有统一性

法律规则系统的统一性要求各种法律规则要协调运行。多个立法机关可能会针对同种事务作出不同的法律规则，这些不同的法律规则由于出发点不同，可能会存在某些不和谐之处。因此，在法律形式主义原则的指导下，法律制度要建立完善的效力等级体系。法律效力的等级按照由高到低的排序依次是宪法、国家立法机关制定的法律、地方性法律、法规。利用后法优于前法原则界定一个机关先后制定的法律法规的效力，并坚持施行法律规则体系的统一性，因此各项法律、法规才可以有序运行。

5.法律规则体系具有稳定性

法律规则必须稳定。只有这样，人们才能依照法律规则开展各项活动，日积月累，法律规则慢慢渗透进人们的意识中，成为各社会阶层人们的共同认知。假如法律朝令夕改，那么人们就无法充分理解法律规则的内容，更不会有充足时间去调控社会关系，无法建立健全社会规范系统。

（二）无秩序的法律观念

社会中各种权利的自由使用都需要法律制度的制约和监督。无政府主义和专制主义都需要法律秩序加以限制，但这种限制在不同领域的具体表现也不相同。在司法领域限制无政府主义，为了保证私人的自由权的行使、其他人的权利以及社会的公共利益相安无事，将私人的行为范围和行使方式进行了划分；确定政府职能、明确政府行政人员的权力和行使方式，以保证私人权利不受国家公权影响。平衡无政府情况下的私人生活空间与社会事务管理的专制意志之间的关系，是秩序因素对国家法律的要求。社会制度的稳定性、确定性和连续性需要对私人权利的任意性和国家公权的专制性进行有效制约，如此才能实现稳定协调发展，免受其他危害。

（三）自然界和社会的有序性

自然界和人类社会各部分都有着连续性、一致性和确定性的状态，这就是秩序。各组成部分间各行其是、混乱驳杂的状态则是无序。当一种状态向另一种状态过渡时常会出现短期的无序，是种不可预知的变动。探索自然界和人类社会各部分间的连续性和确定性，是人类孜孜不倦的追求。比如，在自然科学领域，人们研究自然规律的奥秘；在社会科学中，人们追求合理的秩序。

第二节 法的价值与作用

一、法的价值

(一) 法的价值的意义

"法对人具有的意义，法之价值以人与法的关系作为基础，是人关于法的一种指导，是法对人的最基本的满足。"① 价值涉及人的社会生活的所有领域，涉及哲学、经济学、政治学、价值学等学科。从词义上说，价值是人们用以判断事物、现象、行为的标准。一般说来，价值所表达的是一种主体与客体之间、人与事物之间的需要与满足的关系、评价与被评价的关系。法的价值是价值的一般概念在法律中的具体应用。法的价值是法律作为客体对于主体——人的意义，是法律作为客体对于客体——人的需要的满足，是人关于法律的超越的绝对指向。笔者认为，研究法的价值具有重要的意义。

1. 法的价值是立法的思想先导

从严格意义上讲，立法活动是在一定法的价值观指导之下的国家行为。而这一行为的动因、意图、目标都无不由一定的价值需要所决定并为这一价值需要服务。在忽视或否定法的价值的统治者看来，法不过是可有可无的写在纸上的字。这样的统治者根本不可能重视立法，更不可能开展大规模的立法活动。在歪曲或误解法的价值的统治者手中，不可能产生良好的法，其错误的法的价值观念会孕育出错误的法。由此可知，统治者的法的价值观对立法活动具有极其重要的影响。有什么样的法的价值观作指导，就有为什么样的法的价值服务的立法。

---

① 杨妮亚. 法的价值冲突及其解决机制研究 [J]. 商，2016 (27)：253.

2. 法的价值是法的实施需求

（1）法的价值是法的执行的思想保障，法的执行离不开法的价值指导。法本身所具有的良好的价值是法得以良好执行的前提，在邪恶的法的价值下不会有真正良好的法的执行。再好的法，离开法的执行机关及其执法人员都无法在社会中实现，而法的执行机关及其执法人员对法的价值的认识状况对法的执行具有至关重要的影响。如果法的执行机关及其执法人员具有良好的法的价值观，法的执行就可能获得良好的效果；如果法的执行机关及其执法人员的法的价值观出现偏差，法的执行就可能误入歧途或出现失误。

（2）法的价值是法的遵守的思想条件，法在很大程度上都是被遵守的。作为社会成员，如果他对现行的法具有价值认同、价值肯定，那么他就可能自觉地遵守现行法，严格依法办事；如果他对现行的法具有价值怀疑、价值否定，那么他就可能违反现行法，破坏现行法。法的价值对社会成员的守法意识、守法行为具有极其重要的影响。

（二）法的基本价值

1. 法与正义

（1）正义的含义。正义既是一个人类普遍公认的崇高的价值、理想和目标，也是广泛涉及哲学、伦理、政治、法律等领域的理念。在中文里，正义有几个含义相当的词，如公正、公平、公道、公理、正当、正直、合理、无偏、无倚等，可理解为公正的道理、原则。

正义是一个无处不在的问题，但言不尽意。人们天天与正义打交道，但对正义是什么并不完全清楚。正义是一种平等；正义是给予每个人以应得权利的稳定而永恒的意志；正义是社会制度的首要原则，是社会主要制度分配的基本权利和义务，决定由社会合作生产的利益之分配方式。正义为社会基本结构的安排提供标准。

正义是一个涉及个人行为和人际关系处置、安排的范畴和准则，是处理人与人之间、人与社会之间关系的基本原则、基本标准。无论是对个人，还是对社会，正义都是一种善、公道、公平。在古代，正义作为善，是给予每个人应得的东西，是各得其所，即非其分而莫取，事所应为则当为之。这是正义的基本含义、最低底线。现代意义上的正义当然比古代要广泛得多，它主要是指社会的公正、社会的理想状态，是指社会的公正性、合理性。法律正义是社会正义的一种，是指法律制度的合法性、合理性、正当性，有待解决的问题是法律的公正性、合法性的依据。

（2）法律与正义的关系。

第一，正义是法律的基本价值、目标和目的。追求正义是法律的理想、目的，而且是法律首要的、最高的理想和目的。正义不单是法律的一个概念、一种法律价值，而且是法律的最根本、最重要的内容。正义是法律最为基础和核心的目的。追求正义、实现正义是法律、法治的根本出发点，也是法律、法治的最基本、最崇高的理想。正义是衡量、评价法律的基本尺度和标准，有什么样的正义观念、理念，就有什么样的法律规范、法律制度、法律秩序。法律只有建立在正义的基础上，才是真正的法律，那些违背人类正义理念的所谓法律是恶法，恶法非法也。正义是其他价值的基础，相比于其他价值，正义具有优先性，其他价值都依赖于正义。正义引导法律发展变革，促进法律进步。正义观念的进步是法律革新转变的前奏，没有正义观念的变化发展，法律的发展、进步就不存在。在推动法律精神的进化、法律地位的提高、法律结构的完善、法律权威的发挥、法律实效的提高方面，正义具有巨大的作用。正义存在于法律的每一个环节中，在立法、执法、司法、守法、护法各方面都存在着如何实现正义和公正的问题。

第二，法律是正义的保障机制，是实现正义的基本形式和手段。法律通过配置权利和义务以确立正义，通过促进和保障以分配正义。通过法律运作惩罚犯罪和罪恶，惩罚非正义行为以伸张正义，实现矫正正义。通过权利救济机制的建设和运作，法律补偿人们的损失以恢复正义，重建社会正义。

2. 法与效率

（1）效率的含义。效率，也称效益。在经济学的范畴中，效率表达的是投入与产出、成本与收益之间的关系，即从一个给定的投入量中获得最大的产出，以最少的资源消耗取得同样多的效果，或以同样的消耗取得最大的效果，从而使资源配置达到最大化、最优化。一个良好的社会必须是一个有秩序的社会，必须是一个正义和公平的社会，也必须是一个高效率的社会。没有效率的社会无论如何都不能被认为是一个完善的社会。

（2）法律与效率的关系。

第一，效率是法律的基本价值。法律是经济的集中体现和反映，法律本身具有内在的经济属性、经济机制、经济逻辑。效益是法律经济机制、经济逻辑的基本点，法律制度的基本取向也是效益。许多法律规范首先是以实用性、以获得最大效益为基础的，简言之，即将个人付出的代价降到最低。法律必须追求效益，不追求效益的法律不是有利于社会的法律。法律承担着社会资源配置的任务，追求效率、促使社会资源的使用最大化、最优化是法律的根本任务和新使命。换言之，不追求效率、不承担社会资源配置的法律不是真正意义上的法律。

在整个法律价值体系中，效率不是一般的价值，而是一个重要的主要的价值，它本身构成了法律的基本价值目标，同时也成为包括正义在内的其他价值的补充。在一定意义上，效率甚至是其他价值所追求的目标。

效率作为法律的基本价值，是评价、判断法律的主要尺度，是检测现有法律功能、功效的标准。效益原则、原理为法律制度提供了特定的批判、改良和理解的依据。效率作为法律的基本价值，影响着法律的运作、实施、实现，推动着法律的发展、变革，促进了法律的进步、进化和提高。

第二，法律是实现效率的制度机制。法律通过制度化、规范化、法律化的制度运作配置社会资源，促使社会资源的使用最大化、最优化。

法律是引导效率提高的激励机制。法律通过资源的正当合理配置，促使人们为自身利益、社会利益而奋斗，促使人们发挥出最大的创造力创造更多的财富、满足自己的需要。法律通过正当权利和义务的配置，建立、维护最有效益的社会运行模式，特别是社会经济运行模式，推动社会生产力的提高和进步。

总之，法律与效率之间有着内在的关系，二者互助共生。在现代社会中，法律效益作为社会资源配置的尺度，促使法律的制定、选择、评价和运作都要以效益为轴心。

3. 法与秩序

（1）秩序的含义。秩序，又称次序，即常规、常度，是指自然界、人类社会运作、发展、变化过程中的规律性现象，是各种事物存在和运作中一定的一致性、连续性、确定性、规则性、均衡性的结构、过程、状态和模式。秩序相对于无序而言，无序表明事物运动、发展是无连续性的、无规律性的、变幻无常的，因而是无法预测和理解的。秩序在自然界和人类社会都普遍存在，因其性质不同，而有自然秩序和社会秩序之分。所谓社会秩序，就是人与人之间社会关系的制度化、规范化，它表示在社会中存在一定的社会组织制度、结构体系和社会关系的稳定性、规律性、均衡性和连续性。法律秩序是一种社会秩序，法律意义上的秩序是建立在法律方式基础上的，通过法律规则和法治而形成的社会秩序。

没有法律就没有法律秩序。法律秩序的特点主要包括：①法律秩序是一种独特的完善的社会秩序；②法律秩序是建立在法律、法律规范基础上的社会秩序；③法律秩序具有国家性、国家权威性，与一定的国家强制力有着密切的联系。

（2）法律与秩序的关系。

第一，秩序是法律的基本价值。法律与秩序密切相关。秩序是人类生活的基础，也是人类生活的基本要求，没有秩序，人的行为、社会生活、社会关系都将陷入无序状态。追求秩序、对抗无序、对抗无政府状态、反对专制、反对集权，构成了法律的基本使命。法律是人们对抗无序、反对专制、反对集权最主要的基础和方式。追求秩序是基础性的法律价值，无论在什么法律制度中，秩序都是法律所追求的基本价值，没有秩序就没有法律。

在整个法律价值体系中，法律的秩序价值是其他价值的基础，没有秩序价值的存在，其他价值是无法实现的。并且法律的秩序价值与正义、自由、平等之间不存在冲突，而是紧密相连、融为一体。

第二，法律是实现秩序的基本方式。建立有序的社会秩序，防止、限制、调整人与人之间的冲突是法律的基本功能；法律具有建立和维护民主政治的运作秩序，使社会权力的运作得以正常进行的积极作用；建立和维护社会生活秩序，保障人们的权利、自由，使人们的权利义务真正落实；建立和维护经济秩序，促进社会经济机制的运作，特别是市场经济机制的运作；建立和维护国际社会政治经济新秩序，促进社会和平、发展和进步。

二、法的作用

（一）法的作用对象

对于一个成熟的社会来说，法是不可或缺的，没有法就不能维持社会生活的正常运转。人类之所以需要法律，是因为法对人类的社会生活能够产生重要而积极的影响。

法的作用泛指法律作为一种特殊的社会规范对人们的行为以及社会关系所产生的影响。法作用的对象涉及两个方面：①法对人的行为产生影响，通过一定的方式对人的行为进行调控，使人的行为尽量符合法律的要求；②法对社会关系产生一定的作用和影响，通过对人的行为的影响进而影响社会关系。

法对行为的影响一般称为法的规范作用，而对社会关系的影响一般称为法的社会作用。法的规范作用是手段，社会作用是目的，换言之，法的社会作用是通过法的规范作用实现的。法的规范作用与社会作用的并存，表明了法作为一种行为规范，不仅可以用来规制个人的行为，同时也可以对社会事务进行调整。

法的规范作用和社会作用是维护社会秩序、促进社会全面进步的重要因素，重视和充分发挥法的作用是构建现代文明社会的一个基点。法的作用的有效全面发挥，必将推进我国依法治国方略和建设社会主义法治国家目标的早日实现，必将极大地推进社会主义精神文明和社会主义和谐社会的建设。

（二）法的规范作用

1. 指引作用

法的指引作用是指法能够为人们的行为提供一个既定的模式，从而引导人们在法所允许的范围内从事社会活动的功用和效能。法的指引作用是法的作用中最重要的部分。人们之所以需要法律的指引，就在于找寻到法对特定行为的肯定或禁止的态度，从而决定行为的取舍。法的目的并不在于制裁违法行为，而是引导人们以正确的行为从事社会活动，保证社会秩序的正常运转。

指引有两种情况：①确定的指引，即通过规定法律义务，要求人们作出或抑制一定行为，一般义务性的规范代表了一种确定性的指引；②不确定的指引，即通过授予法律权利，给人们创造一种可以选择的机会。对于法律规定的这种行为，人们可以实施，也可以不实施。行为人可从有利于自己的角度，在法律规定的范围内择取一种最为可行的行为模式，这种授权性的规范代表了一种不确定的指引。

2. 教育作用

法的教育作用是指通过法律的规定和实施，影响人们的思想，培养和提高人们的法律意识，引导人们积极采取依法行为的功用和效能。从这个意义上说，法律实施的过程是法律发挥教育作用的过程。这种教育不仅影响行为人本身，同时也对其他的社会成员产生相应的示范作用。

法的教育作用的实现主要有三种形式：①通过人们对法律的学习和了解，发挥法的教育作用；②通过对各种违法犯罪行为的制裁，使违法犯罪者和其他社会成员受到教育，在自己以后的行为中自觉服从法律，依法办事；③通过对各种先进人物、模范行为的嘉奖与鼓励，为人们树立法律上的良好的行为楷模。法的教育作用必须通过影响人们的思想而得以实现。换言之，法从调整对象上而言，是以人们的行为作为基础的，而教育作用的发挥则在于通过立法、执法活动使法所倡导的主流价值能够深入人心，从而引导人们积极向善、依法行事。

法律教育最核心的作用是培养人们对法律的信念，培养人们对法律的情感，培养人们的法律素养，使公众都能真正意识并且能亲切感受到法的公正与良善。

3. 预测作用

预测作用是指根据法的规定，人们可以预先知晓或预计到人们相互间将如何行为，特别是国家机关及其工作人员将如何对待人们的行为，进而根据这种预知来作出行动安排和计划。在社会生活中，每个人的行为都可能对他人的行为发生影响，同时也可能受到他人行为的影响。在这种复杂的互动关系中，如果没有一定的公认的规则去据以预测自己的行为和安排的后果，社会生活就会陷入无序状态。法的预测作用可以减少行动的偶然性、盲目性，从而提高行动的实际效果。

预测作用对于法律的适用也具有重要的意义。司法官员或执法官员可以根据自己的预测，对相应的案件采取必要的、分别的法律措施。法律适用中的预测作用既是工作的需要，也是法律本身的要求。同样，预测作用在法律服务中也有积极重要的作用。作为法律服务者经常要为当事人提供法律上的预测服务，对法律关系的发展变化作出明智的判断，正确处理问题、解决纠纷，及时、合法、有效地维护当事人的权益。

总之，由于法具有预测作用，人们可以根据法来合理地作出安排，以最小的代价和风险来追求各自的合法利益。因此，法律的可预测性同样有利于社会秩序的建立，保障社会生活的正常进行。

4. 强制作用

法的强制作用是指法律能运用国家强制力来保障自己的功用和效能得到充分实现。法律强制的实施主体是国家，实施的对象是违法者的行为。

　　法律的实施在很大程度上依赖于人们的自觉遵守，可以合理地设想，如果法律体现了广大人民的意志，那么法律也是可以为人民所自愿服从的。社会上总有一部分人不会自觉地依照法律的规定办事，因而法律就必须保留强制作用，对违法犯罪者施予惩戒，以使被破坏的社会秩序得以恢复。因此，法的强制作用是法律不可缺少的重要作用，也是法的其他作用的保障。如果法没有强制作用，那么指引作用就会降低，评价作用就会在很大程度上失去意义，预测作用就会被怀疑，教育作用的效力也会受到严重的影响。

　　法律的强制手段是对国家强制力的运用，包括责令行为人进行某种行为或者对其施以法律上的惩罚。法律强制的内容在于保障法律权利的充分享有和法律义务的正确履行。法律强制的目的在于实现法律权利与法律义务，确保法律应有的权威，维护社会正义和良好的社会秩序。法律的强制作用不仅在于制裁违法犯罪行为，还在于通过预防违法犯罪行为增进社会成员的安全感。

　　5. 评价作用

　　法的评价作用是指法作为人们行为的一种标准和尺度，具有可被用来对他人行为合法与否进行判断、衡量和评价的作用。法律的制定，严格来说就是将社会上公认的价值准则纳入法律的内容之中，因而人们可以据此对他人的行为进行评价。在法治社会中，任何人的行为都必须接受法律的约束。因此，任何人所进行的具有法律意义的行为都应当是法律评价的对象。

　　在评价标准上，主要有合法与违法之分。当一个行为合乎法律规定时，就称之为"合法行为"；反之，当一个行为违反了法律规定时，就称之为"违法行为"。在特定的场合中，如果人们没有按照法律进行应当作出的行为，也将被视为"违法行为"而给予负面的评价，如行政机关不按法律规定发给人们许可证和执照。这一评价标准能否完全实现，又取决于法律规定的完善程度。有时，为了弥补合法性评价的不足，法律的评价还可以通过"合理性"来进行。与合法性评价的基础不同，合理性评价主要是指对行为的正当性进行分析。

在现实生活中，法并不是唯一的评价人们行为的标准，道德规范、风俗习惯和社会团体的规章等都具有对行为的评价作用。但是，法所作出的评价却有着与它们不同的特点。

（1）法的评价具有比较突出的客观性。换言之，什么行为是正当的，什么行为是不正当的，什么行为是可做的，什么行为是不可做的，在法律规范中有明确的规定。因此，法对行为的评价，大体上说来，是不会因人而异的。在利用法律规范对行为作出评价时，评价者对规范的理解也可能存在差别。不过，这种差别在其他评价标准中就表现得更为明显和经常。

（2）法的评价具有普遍的有效性。因为法律作为社会规范具有规范性、普遍性、强制性等特征，所以其评价标准是统一适用于全体社会成员的标准。只要人们的行为是法律行为，就不可避免地进入法律评价的轨道。但法律评价与其他社会评价也不是完全对立的，在一定情况下，两者可以同时使用。但应当注意的是，不能将它们互换使用，既不能用法律评价来取代道德评价等社会规定的评价，也不能用道德评价等来代替法律评价，否则就会混淆法与其他社会规范的区别。

（三）法的社会作用

法的社会作用是法为实现一定的社会目的和任务而发挥的作用。如果说法的规范作用是从法自身的角度来分析法的作用，那么法的社会作用则是从法的目的和本质的角度来考查法的作用问题。与法的规范作用相比，法的社会作用是一个更为复杂的问题，因而应当着重进行考查、分析和评论。概括起来，法的社会作用主要体现在以下两个方面。

1. 维护统治阶级统治方面

（1）调整统治阶级与被统治阶级之间的关系。法在这方面的作用主要体现在对被统治阶级和敌对分子的破坏活动的镇压，迫使他们服从统治、遵从社会秩序，从而建立对统治阶级有利的社会关系和社会秩序。

（2）调整统治阶级内部的关系。为了维护统治阶级作为一个整体的统治，法也对统治阶级内部个别违法犯罪的成员实施惩罚，特别是整治腐败和打击公开蔑视统治秩序的极端行为。除了制裁统治阶级内部违法犯罪之外，阶级对立社会的法也十分注意及时调整统治阶级内部的各种矛盾和利害冲突，以此来促进统治阶级内部最大限度的和谐，维护统治阶级整体的、长远的、根本的利益。

（3）调整统治阶级与其同盟者之间的关系。统治阶级为了巩固自己的统治地位，必须扩大其社会基础和政治力量。在阶级对立社会中，法也时常注意调整统治阶级与其同盟者之间的关系，适当照顾同盟者的利益。

2. 执行社会公共事务方面

所谓公共事务，是指对全社会都有好处的公共事业，如教育、能源、交通、运输、卫生、环境保护等。法在执行社会公共事务方面的作用和目的是要维护全社会生存和发展的共同条件和社会的公共利益。从统治阶级的角度看，调整和维护社会公共事务方面的法律，在根本上与维护政治统治是一致的。在不同的国家和社会，不同的历史时期，社会公共事务的性质、范围不尽相同，但归纳起来，主要包括以下五个方面。

（1）维护人类社会基本生活条件。基本生活条件大致包括最低限度的公共治安、社会成员或绝大多数社会成员的人身安全、食品安全、环境卫生、生态平衡、交通安全等。现代社会越来越多的公共安全法、人权法规、食品安全法、环境保护法、交通法都是为着这种目的而制定的。

（2）维护生产和交换的秩序。其中包括确定生产管理的一般规则、各种交易行为的基本规范、规定基本劳动条件等。这方面的法是为了减少生产和交换过程中的偶然性和任意性，提高确定性和连续性，保障交易安全，减少交易风险，降低交易成本。

（3）确定使用设备、执行工艺的技术规程，以及有关产品、劳务、质量要求的标准，以保障生产安全，防止事故发生，保护消费者的利益。尤其是对易燃、易爆、高空、高压等危险性行业实行严格的法律规制和无过错责任制度，对直接关系人们健康、安全和生命的消费品制定科学的标准，对它们的生产和销售实行严格的法律监督。

（4）推进教育、科学、文化的发展。教育、科学、文化的发展状况对于一个社会来说，具有长期稳定的意义，甚至决定着一个民族的生死存亡。因此，自古以来，各国都通过立法来保障和推进教育、科学和文化事业，诸如义务教育法，专利、商标、著作权等知识产权法。

（5）预防社会冲突、解决社会问题。例如，《中华人民共和国突发事件应对法》《社会保障法》等就是为了保证社会的正常运行，预防社会冲突的法律。

法的统治作用与执行社会公共事务的作用随着时代、情势、国情的不同会发生变化。人们也应当看到法的阶级统治作用与社会管理作用并非截然分开的，它们在很多方面是相互结合、交互作用的。随着社会生产的发展和社会制度的变革，特别是知识经济和全球化时代的到来，法在执行社会公共事务方面的作用将会日益增加。

第三节　法的结构与运行

一、法的结构

（一）法的要素

法的要素是指法的各个组成部分，是法的本质的外在表现。法通常是由法的各个要素构成的有机联系的整体，法的要素是法律作为一个整体所不可或缺的组成部分。在法律的整体中，各个要素彼此各自独立但又紧密联系，缺少任何一个要素都不可能构成法，法内部的结构完整性将受到影响。法的要素包括法律规则、法律原则和法律概念三种基本成分。从三者所处的地位看，法律原则处于统率地位，法律规则和法律概念都要符合法律原则的基本精神。

1. 法律原则

（1）法律原则的特征。法律原则是可以作为法律规则的基础或本源的具有综合性、稳定性特点的原理和准则，如"诚实信用""公序良俗""法律面前人人平等""罪刑法定"等都是最基本的法律原则。法律原则在法的体系中具有特别重要的地位。在法的创制过程中，法律原则是整个法律制度的指导思想和核心，是法的主旨和精神品格所在。此外，法律原则是法律制度内部协调统一的保障。

与法律规则相比，法律原则有着自己的特征，主要表现在以下三个方面。

第一，概括性。法律原则不预先设定任何确定的、具体的事实状态，不规定具体的权利义务，也不规定明确的法律后果，其在实践中的运作主要表现为为法律规则的正确适用提供指导，以及为法官的审判实践提供原则性指导。

第二，稳定性程度比较高。法律原则一旦确立，就显示出极强的稳定性，不因个人、社会条件而发生变化，在某些具体制度和规范的废除、修改等不可避免的情况下，法律原则就成了维护法的稳定性和权威性的最重要的因素。

第三，适用范围的广泛性。法律原则覆盖面较广，适用性非常广泛，一条法律规则只能调整一种类型的行为，而一条法律原则却可以调整几种类型的行为，可以运用于许多法律领域。

（2）法律原则的功能。

第一，法律原则维护着法律体系内部的协调统一。法律原则是法律的灵魂，是整个法律制度的理论基础。法律原则贯穿一部法律的始终，是立法者制定具体法律规则的依据和基础。因此，各项法律原则就如同一条条纽带，把众多的法律规范联系在一起，构成一个完整的法律体系，从而保证了法律体系内部的协调统一性。

第二，法律原则指导人们正确地适用和遵守法律。由于法具有一定的抽象性，执法者和司法者在实践中需要对法律进行一定的解释和推理，法律原则是进行法的解释和法的推理的重要依据和指南。法官在行使自由裁量权时，更要以法律原则为指导，作出符合法律精神和法律目的的选择，以免滥用自由裁量权。对于大多数普通民众而言，理解并掌握法律原则，是他们守法的前提和基础。

第三，法律原则是补充法律漏洞的依据。由于法本身存在一定的局限性，法律漏洞的存在在所难免，在需要有法律规则作为处理案件的依据但却没有具体的法律规则的情况下，法律原则可起到弥补这一不足的作用。在一般情况下，法律原则总是处在幕后指引着法律规则的适用，而一旦出现法律规则不能和不足的特殊情况时，法律原则就会从幕后走向前台，直接充当判决个案的法律依据。

2. 法律规则

法律规则是社会规则的一种，它是由国家机关制定或认可的，明确具体规定法律关系主体的权利和义务以及相应后果的行为准则。法律规则是构成法的要素之一，也是法的要素中最基本、最主要的部分。法律规则通过设定具体的权利和义务的方式对人的行为进行调整，在调整方式上具有明确性、具体性以及可操作性的特点。

法律规则的逻辑结构是指一个法律规则具体由哪些要素构成，以及这些要素之间在逻辑上的相互连接关系。通常认为，法律规则是由假定条件、行为模式和法律后果三个要素构成。

（1）假定条件。假定条件是法律规则的适用条件，即法律规则在什么时间、空间对什么人适用，以及在什么情况下法律规则对人的行为有约束力的问题。只有具备这样的假设条件，才能适用这个规则处理问题。

（2）行为模式。行为模式是指法律规则中规定人们如何具体行为的内容。它告诉人们根据法律的规定可以做什么、必须做什么、禁止做什么。行为模式分为三类：①可为模式，是指在假定条件下，人们"可以如何行为的"模式；②应为模式，是指在假定条件下，人们"应当或必须如何行为"的模式；③勿为模式，是指在假定条件下，人们"禁止或不得如何行为"的模式。

（3）法律后果。法律后果是指法律规则中规定人们在作出符合或者不符合行为模式要求的行为时应承担相应的结果的内容，是法律规则对人们具有法律意义的行为的态度。根据人们对行为模式作出的实际行为的不同，法律后果又可分为以下两个类型。

第一，合法后果，又称肯定式的法律后果。这是法律规则中规定人们按照行为模式的要求行为而在法律上予以肯定的后果，表现为法律规则对人们行为的保护、许可或奖励。

第二，违法后果，又称否定式的法律后果。这是法律规则中规定人们不按照行为模式的要求行为而在法律上予以否定的后果，表现为法律规则对人们行为的制裁、不予保护、撤销、停止，或要求恢复、补偿等。

法律规则与法律条文是既相互联系又相互区别的两个概念。法律规则是法律条文的内容，法律条文是法律规则的表现形式，但法律规则和法律条文并不是一一对应的关系。具体而言，大致有四类情形：①一个完整的法律规则由数个法律条文来表述；②法律规则的内容分别由不同的规范性法律文件的法律条文来表述；③一个法律条文表述不同的法律规则或其要素；④法律条文仅规定法律规则的某个要素或若干要素。

3. 法律概念

法律概念是指对各种法律事实进行概括、抽象出它们共同的特征而形成的权威性范畴。法的结构三要素中，规则是主体性要素，原则是品格性要素，而概念则是基础性或技术性要素。理解和把握法的概念，立法者才能有效地构建法的整体，用法者才能准确、无误而有效地执行、适用或遵守法。法的规则注重的是设定行为模式和后果模式，法的原则注重的是从大局和根本上奠定整个法的基础并为主体指明方向，而法的概念则注重对各种法的现象作定性分析，从而为法的规则和法的原则的适用确定范围和提供前提。

法律概念的分类如下：

（1）专业概念与日常概念。

第一，专业概念。专业概念是在法的理念抽象和实际运作中逐渐产生的仅适用于说明、反映法的现象的专门概念。它们一般只有法的意义，与日常生活少有关系。这些概念的含义较为精确、规范和统一，像不可抗力、诉讼时效、当事人、诉讼参与人、犯罪中止等概念，便属于专业概念。这类概念是专业人员应熟悉和把握的，对普通人来说，要把握这类概念需要把握有关的法律知识。

第二，日常概念。日常概念是将日常生活中的某些概念移用到法的领域以反映有关法的现象的概念，像父母、子女、故意、过失、过错、公平等概念，便属于日常概念。日常概念源于日常生活，因而易于为专业内外的人们所理解和把握。

（2）主体概念、客体概念、内容概念、事实概念。

第一，主体概念。主体概念是表现法律关系主体的概念，如自然人、公民、法人、代理人、原告、预备犯、诉讼第三人等。

第二，客体概念。客体概念是表现法的关系客体，即法的关系主体的权利、义务所指向的对象的概念，如主物、动产、标的、无体物、有体物、不动产、作品、发明、著作等。

第三，内容概念。内容概念是表现法的关系主体的权利、义务关系的概念。这类概念一部分是表现权利的，如所有权、专利权、立法权、请求权、抵押权等；另一部分是表现义务的，如债、赔偿责任等。

第四，事实概念。事实概念是表现能够引起法的关系发生、变更和消灭的原因，如出生、死亡、犯罪、违约、侵权、不可抗力、正当防卫、紧急避险等。

（二）权利与义务

1. 权利和义务的重要性

法律是调节人们行为和社会关系的规范。这种调节和规范是通过规定人们权利和义务的方式加以实现的。权利和义务不仅是一切法律规范的核心内容，同样是法律关系的重要内容，也是立法和司法实践关注的重心。因此，法律适用的各个环节及法律运行的全过程都贯彻了权利和义务。权利和义务不仅是整个法律运行过程关注的重心，还体现了现代法律的特征、法律精神和价值，是法理学的中心范畴。因此，人们应该充分认识权利和义务在法律中的重要地位，并且加强对法律权利和义务的理论研究。

2. 法律的权利和义务

虽然权利和义务在法律中的地位极其重要，但是在理论上对于权利和义务的概念仍然众说纷纭。广义上的权利包括法律权利、道德权利和习惯权利等；狭义上的权利主要是指法律意义上的权利。在西方，有关权利和义务的学说和思想可谓层出不穷。由于权利和义务是一对相对的概念，因此大多数法学家都把目光集中到权利之上，因为只要确定了权利的概念，义务的概念也就自然可以界定了。在西方的权利理论中，存在着自由说、利益说、要求说、资格说、法力说等学说主张，这些学说可以使人们从不同的侧面了解权利和义务具有的一些属性。

（1）自由说。权利就是法律范围内的自由，在法律的范围内权利主体可以按照个人的意志行使或放弃权利而不受外来干预。

（2）利益说。权利就是法律所保障的利益。

（3）要求说。权利就是法律上正当有效的主张和要求。

（4）资格说。权利就是资格，就是去做、去要、去享有、去占据、去完成的一种资格。

（5）法力说。权利是法律赋予权利主体的一种用以享有或维护特定利益的力量，义务则是对这种力量的服从。

这些学说都从不同的侧面揭示了权利具有的不同属性，但又都并不能完全解释权利的所有现象，故而说明了权利概念本身是比较复杂的。把上述观点综合起来可以发现，法律权利的基本含义包括：①权利的本质是由法律规范决定的，具有合法性，是得到法律确认和保护的；②权利具有一定的界限，一旦超出这个界限，就不再是法律意义上的权利；③权利是法律关系主体依据自己的意愿决定实施何种行为；④权利的目的是为保护一定利益而采取的法律手段。

所谓权利，是规定或隐含在法律规范中、实现于法律关系中的，主体以相对自由的作为或不作为的方式获得利益的一种手段；所谓义务，是设定或隐含在法律规范中、实现于法律关系中的，主体以相对受动的作为或不作为的方式保障权利主体获得利益的一种约束手段。

3. 权利和义务的分类

（1）基本权利义务与普通权利义务。根据权利和义务所体现的社会内容的重要程度，分为基本的权利和义务与普通的权利和义务。基本权利和义务是人们在国家的政治、经济、文化、社会生活中根本利益的体现，是人们社会地位的基本法律表现，这种权利和义务一般由宪法规定；普通权利和义务是人们赖以生存的社会生产关系和政治制度没有内在联系的权利与义务，是人们在普通经济生活、文化生活和社会生活中的权利和义务，通常由宪法以外的普通法律规定。

（2）绝对权利义务与相对权利义务。根据权利和义务的适用范围，可分为一般的权利和义务与特殊的权利和义务。一般权利又称绝对权，主体是一般权利人，同时没有特定的义务人；一般义务的主体是每一个人，通常体现为消极的不作为。特殊权利又称相对权，其主体是特定的权利人，同时有特定义务人；特殊义务是指特定义务人对特定权利人作出积极的作为或消极的不作为。

（3）道德权利和义务、法律权利和义务、习俗权利和义务。这种划分标准是权利和义务存在的不同形态。道德权利是根据道德规范可以提出的主张、可以进行的行为，道德义务是根据道德规范要求应当实施的行为或应当承担的责任；法律权利是在现行法律中明文规定或隐含的确认的和保护的权利，法律义务是在现行法律中明文规定或隐含的确认的或要求的义务；习俗权利是根据当地的风俗习惯所享有的权利，习俗义务是当地的风俗习惯所要求的义务。

（4）原有权利和义务与救济性权利和义务。这是根据权利之间、义务之间的因果关系划分的。原有权利和义务又称为"第一性权利和义务"，即权利和义务主体依法律规定本身享有的权利和须履行的义务；救济性权利和义务又称为"第二性权利和义务"，即在原有权利和义务受到侵害或违反时为了补救前者而产生的权利和义务。

4. 权利和义务的关系

权利和义务的关系是权利义务理论的基本内容之一，可以从以下四个方面对二者的关系进行分析。

（1）权利和义务在结构上是对立统一的。这种对立统一性主要表现在两个方面：①权利和义务是对立统一的，是同一个事物中两个相互对立的因素，权利意味着自由和利益，义务意味着约束和负担；②权利和义务是同一个事物中一对相互依存的因素。其相互依存性表现为权利或义务都不可能孤立存在和发展，它们的存在和发展都必须以另一方的存在和发展为条件。

（2）权利和义务在功能上是互补的。在现实中，权利的实现会受到义务的制约，而义务的履行也会受到权利的限制。权利主体的权利实现离不开义务主体的配合，离开了义务主体的配合，权利的实现就成为空谈。权利的行使也是有限度的，权利主体在享有自由的同时往往也要承担一定的义务，权利人一旦超越权利的范围要求义务人来履行义务就属于滥用权利，义务人可以拒绝这种要求。法律通过权利和义务来分配社会利益和负担、维护个人自由和社会秩序。权利和义务在功能上的互补性有利于法律的目标、作用和价值的实现，权利可以促进自由的实现，而义务有助于秩序的建立。

（3）权利和义务在数量上是等值的。权利和义务在数量上等值主要是指一个社会的权利总量和义务总量是相等的，尤其是指权利和义务所指向的正利益和负利益是相等的。法律是通过权利和义务来分配利益的，一个社会中权利的绝对值总是等于义务的绝对值。这也是社会公平和正义的要求。

（4）权利和义务在价值上是一致的。价值上的一致性意味着权利和义务都具有价值上的正当性。人们无论是行使权利还是履行义务，都是在做正确的、应当做的事。

（三）法律行为

1. 法律行为的特征

法律行为是指人们实施的能够在法律上产生效力且能产生一定法律效果的行为。这是一个相当宽泛的概念，它既包括一切符合法律规定的，能够引起法律关系产生、变更和消灭的行为，又包括违反法律规定的，侵犯公民、法人和国家合法权益的各种违法和犯罪行为。总之，一切涉及法律的行为，无论其违法或合法都是法律行为。法律行为作为一个法学范畴，其对应的范畴是"非法律行为"。所谓非法律行为，是指那些不具有法律意义的行为，即不受法律调整、不发生法律效力、不产生法律效果的行为。

法律行为的特征如下：

（1）社会性。人是社会关系的总和，人的行为是社会的产物，社会性是人的行为的基本特征之一。由于法律行为是人实施的行为，自然具有社会性的特点。法律行为的社会性可以从以下两个方面来理解：

第一，法律行为是在一定社会环境中实施的，受到一定环境的制约和影响，产生一定的社会后果的行为。法律行为不是一种自我指向的行为，而是社会指向的行为。法律行为的发生，一定对行为者本人以外的其他人或集体、国家利益产生直接或间接的影响。

第二，法律行为是一种社会互动行为，会由此在人们之间引起法律关系的产生、变更或消灭。因此，法律行为并不是孤立地存在，它总是能够产生一定的社会效果、造成一定的社会影响。

（2）法律性。法律性是法律行为区别于一般社会行为的根本特征。法律行为的法律性主要体现在以下三个方面：

第一，法律行为是由法律规范和调整的行为。某个行为之所以成为法律行为，正因为它是由法律规范决定的。法律之所以要对法律行为作出规定，是为了通过对法律行为的调整，从而规范人的行为，达到调整社会关系、维护社会秩序的目的。

第二，法律行为是发生法律效果的行为。能够产生法律效果是指法律行为的发生必然会引起一定的法律上的后果，产生一定的法律效力。这种法律效果表现为引起人们之间权利和义务关系的产生、变更或消灭，并受到国家承认、保护、奖励的行为（合法行为），或是受到国家否定、取缔和惩罚的行为（违法行为）。

第三，法律行为是法律现象的组成部分。法律现象不仅是法律规范，而且包括使法律规范由抽象到具体、由文字上的规定到现实实践的行为。

（3）意志性。法律行为是能够为法律和人们的意志所控制的行为。法律行为的意志性主要表现在以下三个方面：

第一，从法律行为的本质看，它不过是人的意志的一种外在表现形式，是行为人有意识的活动，没有人的意志就不可能是法律行为。

第二，从法律行为的结构看，意志是法律行为的重要组成部分，任何法律行为的结构中均有意志存在，而不存在有无意志的问题，无意志的行为不能成为法律行为。

第三，从法律行为的过程看，尽管受一定的环境影响，会使人认识到某种需求，进而形成一定的动机和目的，然后通过一定的行为方式去实现这种目的，在整个行为过程中意志始终在起着支配作用。

（4）价值性。法律行为的价值性体现在三个方面：①法律行为是基于行为人对该行为的意义的评价而作出的；②法律行为是一种对象性的实践活动，体现了主体与客体的关系；③法律行为是一定社会价值的载体，人们可以用善恶、好环、利害等范畴进行评价。

2. 法律行为的分类

现代社会中，社会关系的复杂性和人的行为的多样性导致法律行为的种类错综复杂。对法律行为作一些基本分类，有助于人们从不同角度理解这一概念。

（1）根据行为主体特性所作的分类。根据行为主体特性的不同，可以把法律行为分为个人行为、集体行为与国家行为。个人行为是法律行为中最普遍的，是自然人在意志支配下作出的行为，如自然人签订合同的行为；集体行为、国家行为分别指根据集体、国家的意志作出的行为。

区别个人行为、集体行为与国家行为的意义在于通过分辨和确定法律行为的主体，能够正确确定各法律行为的效果和法律责任的承担者。

（2）根据行为主体意思表示形式所作的分类。根据行为主体意思表示形式的不同，可以把法律行为分为单方行为、双方行为和多方行为。单方行为是依一方当事人的意思表示或由一方当事人主动作为而成立的法律行为；双方行为是双方当事人的意思表示一致而成立的法律行为；多方行为是指由多个人的意思表示达成一致而成立的法律行为。

（3）根据法律行为之间的主从关系所作的分类。根据法律行为之间的主从关系，法律行为可以分为主行为与从行为。主行为是指无须其他法律行为的存在而独立发生法律效果的行为；从行为是指依附于主行为，以主行为的存在为前提的法律行为。主行为是从行为的前提，从行为具有附随性。主行为不成立，从行为也不成立；主行为无效，从行为也无效。

（4）根据法律行为的对象和范围所作的分类。从法律行为的对象和范围角度划分，法律行为可分为抽象行为和具体行为。抽象行为是针对不特定对象作出的具有普遍约束力的行为；具体行为是针对特定对象作出的，仅对特定对象有法律效力的行为。

（5）根据行为是否符合法律的要求所作的分类。根据行为与法律的要求是否一致，可以将法律行为分为合法行为和违法行为。合法行为是指行为主体实施的、符合法律要求的行为；违法行为是指行为主体实施的、违反法律要求的行为。区分合法行为与违法行为的主要目的在于确定行为的性质与法律后果。一般情况下，合法行为是有效的，相应产生肯定性的法律后果；违法行为则是无效的，相应产生否定性的法律后果。

（6）根据行为表现形式所作的分类。根据行为的表现形式不同，可以把法律行为分为积极行为与消极行为。积极行为，又称"作为"，是指行为人以积极的、主动作用于客体的形式进行的活动，表现为作出一定动作或动作系列的、具有法律意义的行为；消极行为，又称"不作为"，指以消极的、间接对客体发生作用的方式进行的活动，往往表现为不作出一定的动作或动作系列的、具有法律意义的行为。

（7）根据行为构成要件所作的分类。

第一，意思表示行为与非表示行为。意思表示行为是行为人根据自己的意志取向作出的，客观效果与其意志取向相一致的行为；非意志行为是行为在一定意志作用下进行的，但客观效果却没有与其意志取向相一致的行为。

第二，要式行为与非要式行为。要式行为是必须具有特定的形式才能成立、生效的法律行为；非要式行为是无须具有特定形式就能成立、生效的法律行为。

第三，完全行为与不完全行为。完全行为是指能发生完全法律效力的行为，如依法成立的合同行为；不完全行为是指不发生法律效力或只发生部分法律效力的行为，包括无效法律行为、部分效力法律行为、效力待定法律行为等。

3. 法律行为的结构

（1）法律行为的主观要素。所谓主观要素，是法律行为内在表现的一切方面。它们是行为主体在实施行为时的一切心理活动、精神状态及认知能力的总和。主观要素主要包括以下两个方面：

第一，行为意思。行为意思指人们基于需要、受动机支配、为达到目的而实施行为的心理状态。它包括三个层次，即需要、动机、目的。

第二，行为认知。行为认知指行为人对自己行为的法律意义和后果的认识。如果一个人根本无能力认识和判断行为的意义与后果，他的行为就不可能构成法律行为。换言之，人们对行为的意义和后果的认知和判断受能力、水平等因素的限制。

（2）法律行为的客观要素。法律行为构成的客观要素，就是法律行为外在表现的一切方面，主要包括以下三个方面。

第一，外在的行动。行动的内涵十分丰富，躯体、四肢、五官的任何一个可以被人感知的举动都是行动。作为法律行为的外在行动大体上可分为身体行为和语言行为。其中，语言行为又包括两种：①书面语言行为，诸如书面声明、书面通知、书面要约和承诺、签署文件；②言语行为，即通过口语表达而在"说者—语义—听者"之语言交际中完成的言语过程。

第二，行为方式。所谓行为方式，是指行为人为达到预设的目的而在实施行为过程中采取的各种方式和方法。其中包括：①行动的计划、方案和措施；②行动的程式、步骤和阶段；③行动的技术和技巧；④行动借助的工具和器械等。

第三，具有法律意义的结果。判断法律行为结果主要有两个标准：①行为造成一定的社会影响；②该结果应当从法律角度进行评价，行为是合法还是非法，是民事行为还是行政行为。然而，行为的结果并不等于法律后果。

二、法的运行

（一）立法

1. 立法的基本特征

所谓立法，是指由特定主体，依据一定的职权和程序，运用一定的技术，制定、认可和变动法律规范的活动。立法具有以下特征：

（1）立法是由特定主体进行的活动。只有特定的国家机关才有权立法，因为立法是国家活动中最重要的内容之一。立法的好坏，直接关系社会关系、社会秩序能否得到良好的调整和规范。因此，有必要由特定的立法机关专门进行立法活动。一个国家究竟由哪些国家机关享有立法权，主要受国家的性质、组织形式等多种因素的影响。

（2）立法是依据一定职权进行的活动。有立法权的机关不能随意立法，应当在自己的职权范围内立法。立法机关只能就自己享有的特定级别的立法权立法；立法机关只能就自己享有的特定类别的立法权立法；立法机关只能就自己有权采取的特定的立法种类的形式立法；立法机关只能就自己所能调整的事项立法。

（3）立法是必须依据一定的程序进行的活动。现代立法一般经过立法准备、法律案的提出、法律案的审议、法律案的表决、法律的公布等阶段，每个阶段都有相应的立法程序。只有依照立法程序进行立法，才能保证立法的严肃性和权威性。

（4）立法是运用一定技术进行的活动。立法是技术性很强的活动，在现代立法实践中，如果不讲究立法技术，那么所立之法往往缺少科学性。只有重视立法技术，才能尽可能减少立法漏洞，真正实现立法目的。

（5）立法是制定、认可和变动法的活动。立法是直接产生和变动法的活动，它是一项系统工程，包括制定法、认可法、修改法、补充法和废止法等一系列活动。

2. 立法的主要原则

立法原则是立法主体在立法活动中的重要活动准则，是立法指导思想在立法活动中的重要体现。我国的立法活动应遵循以下原则：

（1）实事求是、从实际出发的原则。我国是一个多民族的社会主义国家，幅员辽阔、人口众多，各地区、各民族的政治、经济、文化发展很不平衡。这就要求在立法工作中，充分考虑我国的基本国情，从实际出发，使立法能充分反映和满足客观实际情况，同我国的改革和发展的具体实践相吻合。

（2）原则性与灵活性相结合原则。立法必须坚持原则性，维护社会主义性质，维护人民的根本利益，以建设有中国特色的社会主义，解放和发展生产力作为出发点，坚持党的基本路线和方针政策，不能有所偏离。同时，为了实现原则性，又要有必要的灵活性，即在原则性范围内，对某些事项作出有一定弹性幅度的或变通的规定。原则性是立法的前提和主导，灵活性是实现原则性的措施和保障。

（3）坚持立法的民主与法治原则。立法的民主原则包括三个方面的含义：①立法主体具有广泛性。立法权在根本上应属于人民，由人民行使；②立法内容具有人民性，以维护最广大人民的利益为宗旨；③立法活动过程和程序具有民主性，应坚持群众路线。立法的民主原则是为了保证人民成为立法的主人，保证立法能最有效地反映人民的利益和要求，防止个别人滥用立法权或不尽职行使立法权。

立法的法治原则的基本要求包括：①一切立法权的存在和行使都应当有法可依，立法活动应当依法进行，立法主体应当在法定的权限和范围内行使职权，属于法定职责；②规范立法制度和立法活动的法，应当充分反映人民的意愿；③关于立法方面的法，在立法活动中具有很高的地位和权威，受到普遍服从，任何立法主体违反它都要受到应有的追究。立法的法治原则就是要建立一套完善的立法制度，为立法权的存在和行使提供法的依据和保障，使立法活动完全在法治的轨道上进行。

（4）维护法律的严肃性、稳定性和连续性原则。法律的严肃性是指法律必须具有权威，必须严格执行，不能随意更改、废止。法的稳定性和连续性是指法律一经制定和颁布，决不能随意修改、中断、废止。在修改、补充或制定新的法律时，应注意保持与原来法律的有机承续，这样才能保证法律的严肃性和权威性。如果法律不能保证其稳定性和连续性，将会对社会秩序的稳定产生重大影响，使人们对法律适用无所适从，容易造成社会秩序的混乱。当然，法律的稳定性又是相对的，随着社会政治、经济、文化等条件的变化，法律也应及时进行修改、补充，或者根据新情况制定新的法律。

（5）领导与群众相结合原则。领导与群众相结合原则是群众路线和民主集中制原则在立法工作中的具体体现，亦称"民主立法原则"。它是指在立法过程中既要坚持群众路线，广泛征求群众意见和要求，实行高度的民主，又要充分发挥立法机关的职能，集中群众的正确意见和要求，实行高度的集中。

立法要坚持群众路线是由我国的国家性质决定的。在我国，人民是国家的主人，法律的制定涉及人民的重大利益，因而必须充分听取人民群众的意见和要求。同时，群众的实践经验也是立法的源泉，通过发扬民主、集思广益，能充分调动人民群众的积极性，广泛集中人民群众的经验与智慧，使法律最大限度地符合人民的利益。此外，立法中坚持群众路线还有助于提高广大人民群众维护和遵守法律的积极性和主动性。

立法在坚持群众路线的同时，又要充分发挥立法机关的职能。国家专门机关通过各种形式深入群众调查研究，将群众分散的、不系统的意见和要求加以集中、总结，从而制定成法律，并在法律的实施过程中，适时通过修改、补充进一步加以完善。

（6）坚持科学立法原则。科学立法指立法的科学化、现代化问题。坚持立法科学原则，有利于产生建设现代法治国家所需要的高质量的法。坚持科学立法原则应做到以下三点：①把立法当科学看待，树立立法观念的科学化、现代化理念；②建立科学的立法权限划分体制、立法主体设置体制、立法运行体制；③在立法中坚持从实际出发与注重理论指导相结合、客观条件与主观条件相结合、原则性与灵活性相结合、稳定性与连续性相结合、总结借鉴与科学预见相结合、中国特色与国际形势相结合。

3. 立法的基本程序

立法是个有序的、动态的过程，从准备立法到法的公布要经历一系列的过程和步骤。立法程序是立法主体在立法过程中必须遵循的法定步骤和方法，违反立法程序的立法活动无效，立法程序通常包括以下阶段。

（1）法律案的提出。提出法律案是指有立法提案权的主体，根据法定程序向有权立法的机关提出关于制定、认可、变动规范性法律文件的提议和议事原则的活动。这个阶段是制定法律的首要环节，是立法活动的起步。在我国，根据《中华人民共和国立法法》可以向全国人大提出法律案的主体有：全国人大主席团、全国人大常委会、国务院、中央军委、最高人民法院、最高人民检察院、全国人大各专门委员会、全国人大的1个代表团或者30名以上代表联名。可以向全国人大常委会提出法律案的主体有：全国人大常委会委员长会议、国务院、中央军委、最高人民法院、最高人民检察院、全国人大各专门委员会、全国人大常委会组成人员10人以上联名。

提案应当遵循的法定程序主要包括：①应当就本身职权或业务范围

内的事项提案，应当提出属于接受法律案的主体的职权范围内的法律案；②应当向自己能够提案的机关提出法律案；③符合法定人数才能提案；④应当采取一定形式如书面形式，通过一定方式如通过一定机关在规定时间内提案。

（2）法律案的审议。审议法律案是指由全国人大、全国人大常委会运用审议权对法律案进行审议，决定法律案是否应列入议事日程、是否需要修改以及对法律案进行修改的专门活动。法律案的审议内容和程序主要包括：①事先通知全国人大或全国人大常委会委员；②提供对法律案的说明和有关资料；③审议过程中要广泛听取各方面意见。

全国人大常委会审议法律案一般实行三审制：第一次审议包括在全体会议上听取提案人的说明，由分组会议进行初步审议；第二次审议包括在全体会议上听取法律委员会关于法律案修改情况和主要问题的汇报，由分组会议进行进一步审议；第三次审议包括在全体会议上听取法律委员会关于法律案审议结果的报告，由分组会议对法律案修改稿进行审议。

（3）法律案的表决和通过。表决法律案是指有权机关和人员对法律案表示最终的、有决定意义的态度。表决的结果直接关系到法律案能否最终成为法。通过法律案是指法律案经表决获得法定多数的赞成所形成的立法结果。表决法律案是通过法律案的前提，通过法律案是表决法律案的结果。每个列入审议议程的法律案都要经过表决，但并非都能获得通过。法律案的表决和通过是整个立法程序中具有决定意义的步骤。

法律案的表决权通常属于有权立法的机关和人员，立法机关表决法律案有公开表决和秘密表决两种方式。目前，各国表决法律案时普遍采用公开表决的方式。在我国，全国人大表决法律案时，采用无记名投票方式、举手方式或其他方式，具体由人大主席团决定。

（4）法律的公布。公布法律指由法律制定机关将通过的法律以一定的形式予以正式发布。公布法的权力在多数国家由国家元首行使，在少数国家由立法机关的领导行使。在我国，由国家主席行使法律公布权。法律公布后，应及时在全国人大常委会公报和全国范围内发行的报纸上刊登。从我国法律公布的情况看，多数法律是在通过的当日公布，有些则是在通过后几天公布；有些法律是在公布当日起生效施行，而有些法律则是在公布一定时间后才生效施行。

4. 立法的体制构成与类型

所谓立法体制，是指立法主体的构成及其立法权限划分的制度。其核心是关于立法权限的体系和制度。

（1）立法体制构成。立法体制由以下要素构成：

第一，立法权限的体系和制度，包括立法权的归属、性质、种类、构成、范围、限制、各种立法权之间的关系，以及立法权在国家权力体系中的地位和作用、立法权与其他国家权力的关系等。

第二，立法权的运行体系和制度，包括立法程序、行使立法权的国家机关在提案前和提案公布后的所有立法活动中应当遵循的法定步骤、立法主体或参与立法工作的其他主体在立法活动中应当遵循的步骤等。

第三，立法权的载体体系和制度，包括行使立法权的立法主体的机构建置、组织原则、活动形式等方面的制度。

这三个方面构成了立法体制的有机整体。其中，立法权限是基础和核心，立法权的运行和立法权的载体是基于立法权限而产生和存在的。

（2）立法体制的类型。当前，世界各国的立法体制主要有单一的、复合的和制衡的三种立法体制。单一立法体制是指立法权由一个政权机关行使的立法体制，包括单一的一级立法体制和单一的两级立法体制；复合的立法体制是指立法权由两个以上的政权机关共同行使的立法体制；制衡的立法体制是指建立在立法、行政、司法三权既相互独立又相互制约的原则基础上的立法体制。立法职能原则上属于议会，但行政机关首脑有权对议会的立法活动施以重大影响，甚至直接参与行使立法权。

（3）我国的立法体制。我国当前的立法体制具有自己的特色。我国的立法权是由两个以上的政权机关共同行使的立法体制，不是单一的立法体制，但也不是复合的立法体制。我国存在多种立法权，如国家立法权、行政法规立法权、地方性法规立法权等，它们分别由不同的机关来行使。我国的立法体制也不是建立在分权制衡基础上，因而也不是制衡立法体制。

我国当前的立法体制可以归纳为"一元多类多级"立法体制。"一元"体现为最重要的国家立法权由全国人大及其常务委员会行使，其他立法机关的立法都不得与之相抵触；"多类"一方面体现为立法主体的多样性，包括国家权力机关、国家行政机关、国家军事机关等主体，另一方面体现为立法产生的法律规范性文件有不同类别；"多级"体现为从中央到地方的多级国家机关都享有立法权，但地方的立法权从属于中央，如全国人大及常委会制定国家法律，国务院及所属部委分别制定行政法规和规章，地方人大制定地方性法规等。

根据我国法律规定，我国目前享有立法权的主体主要包括：①全国人民代表大会；②全国人民代表大会常务委员会；③国务院；④国务院各部门；⑤省、自治区、直辖市、较大市的人民代表大会及其常务委员会；⑥民族自治地方的人民代表大会；⑦省、自治区、直辖市、较大市的人民政府；⑧特别行政区立法机关。

（二）守法

1. 守法的构成要素

守法亦称法的遵守，是指国家机关、社会组织和公民，依照法律的规定行使权利、履行义务的活动。它包含三个方面的内容：①国家机关在行使职权过程中，必须严格守法；②国家机关在其职权范围以外的社会活动中，必须自觉守法；③公民和社会组织在各种活动中，必须接受国家机关的组织、管理、裁决，必须用法律来规范自己的行为，自觉地依照法律规定的条件、方式、程序去实现和保护自己的利益，履行法定的义务。守法包括以下要素：

（1）守法主体。守法主体是指一个社会中应当遵守法律的主体。守法主体的范围，直接由国家的性质决定。在我国，一切国家机关、组织和个人都是守法主体，具体来讲，可以分为以下三个类型。

第一，一切国家机关、武装力量、政党、社会团体、企业事业组织。

中国共产党是我国的执政党，其政治和法律地位决定了党严格守法比其他社会组织守法具有更重大的影响。国家机关代表人民行使国家权力、执行国家职能，对国家的政治、经济、文化、军事、外交等活动进行全面管理。因此，国家机关及其工作人员更有必要带头严格守法，自觉维护法的权威。

第二，公民。公民是我国守法主体中最普遍、最广泛的守法主体。公民守法是现代法治社会的普遍要求，也是我国建立法治国家的基本要求。社会主义法从本质上讲是人民利益和意志的体现和反映，因而守法对于公民来说，实际上是按照他们自己的意志和要求办事。这就决定了公民应当以主人翁的态度自觉守法。

第三，在我国境内的外国组织、外国人和无国籍人。根据我国有关法律、国际法和国际惯例，在我国境内的外国组织、外国人和无国籍人也必须遵守我国的法律，在我国法律允许的范围内从事各种活动。

（2）守法范围。守法范围是指守法主体必须遵守的行为规范的种类。不同国家的法的形式和范围不一样，因而守法范围也不一样。在我国，守法范围主要是各种制定法，包括宪法、法律、行政法规、部门规章、地方性法规、自治条例和单行条例、地方政府规章、特别行政区法、我国缔结或参加的国际条约等。此外，有些非规范性文件如人民法院的判决书、调解书、裁定书等也属于守法的范围。

（3）守法内容。守法内容是指守法主体行使法律权利及履行法律义务。

行使法律权利是指守法主体通过自己作出或不作出一定行为，或要求他人作出或不作出一定行为来保证自己的合法权利得以实现。只有依法行使权利才是守法，即行使的权利必须是法所授予的权利，是合法的权利。行使权利时必须采取正当、合法的方式，不得滥用权利，不得侵害他人的合法权利。

履行法律义务是指人们按照法的要求作出或不作出一定的行为，以保障权利人的合法权益。履行法律义务有两种情形：①履行积极的法律义务，即按照法律的要求，作出一定的行为；②履行消极的法律义务，即遵守法律的规定，不作出一定的行为。

（4）守法状态。守法状态是指守法主体行为的合法程度。守法状态包括最低状态、中层状态和高级状态。守法的最低状态是指守法主体不违法犯罪；守法的中层状态是指守法主体依法办事；守法的高级状态是指守法主体从外在的行为到内在的动机都符合法的精神和要求，真正实现法律调整的目的。

2. 守法的基本条件

守法是社会主体自觉的、有意识的活动。守法需具备一定的前提和条件，主要包括以下三个方面。

（1）法律自身的条件。法律作为社会主体的行为准则，能否被有效遵守，其自身的条件非常重要。好的法律应当具备两方面基本要求：①在法的实体内容方面，好的法律应当充分体现现代法的价值要求；②在法的形式方面，好的法律应当具备语言精确、法律体系完整统一、内容具体明确等要求。

（2）守法主体的主观条件。守法行为，直接受守法主体的主观心理状态和法律意识的影响。通常情况下，法律观念、道德修养、纪律观念、理想人格等因素是驱动和控制守法行为的主观条件。守法主体的主观心理和法律意识如果与法律的原则和精神相一致，则法律更容易被普遍遵守。守法主体良好的心理状态和法律意识既是法律得到遵守的前提条件，也是法律被遵守的关键因素。

（3）守法的客观条件。仅具备良好的法律和法律意识，并不一定能保证法律得到有效遵守，还需要有守法所需要的良好的客观条件。其中，主要包括民族传统、政治制度、经济制度、国际关系、道德观念、历史文化和科技水平等。良好的客观条件是促使法律被遵守的不可缺少的重要条件。

（三）执法

1. 执法的基本特征

执法有广义和狭义两种含义：广义上的执法是指国家行政机关、司法机关和法律授权、委托的组织及其公职人员，依照法定职权和程序，贯彻实施法律的活动，它包括一切执行法律、适用法律的活动；狭义上的执法是指国家行政机关和法律授权、委托的组织及其公职人员在行使行政管理权的过程中，依照法定职权和程序，贯彻实施法律的活动。

我国宪法规定，国家行政机关是国家权力机关的执行机关，国家权力机关制定的法律和其他规范性法律文件，主要由国家行政机关来具体贯彻执行。我国行政执法具有以下特征：

（1）执法主体的多样性。在我国，执法主体主要是各级国家行政机关及其公职人员。我国有权执法的行政机关主要有工商、税务、公安、食品卫生、技术监督、物价、环境保护、城建、农业、交通、铁路、民航、国土资源管理、劳动、人事、教育、科学技术、文化、新闻出版、计划生育、金融、海关、计量、审计、水利、统计等。此外，法律授权的社会组织可以在一定范围内执行法律。行政机关依法委托的社会组织也可以在一定范围内执行法律。

（2）执法内容的广泛性。随着社会的发展，行政机关的事务日趋复杂，对社会的管理范围越来越广泛，执法的内容几乎关系到国家生活的各个领域和公民个人生活的各个方面。行政执法活动有力地促进了政府各项职能的发挥。

（3）执法活动的单向性。在行政执法活动中，行政机关与行政相对人之间形成行政法律关系。这是一种管理与被管理、命令与服从的关系。行政机关的执法行为以行政机关单方面的决定而成立，无需行政相对人的请求和同意。

（4）执法的主动性。执法是行政机关主动对社会进行全面组织管理的活动。因此，行政机关在执法过程中应积极主动，不需要行政相对人的请求。

（5）执法的强制性。行政机关与行政相对人之间形成的行政法律关系是命令与服从的关系，行政机关与行政相对人之间的地位是不平等的。行政相对人必须服从行政机关作出的命令和决定，如果行政相对人不服从时，行政机关可以依法采取必要的强制措施促使其服从。行政执法的强制性以国家行政强制力作为其实施的保障。如果没有必要的强制手段，则行政机关就不能有效地行使管理社会的职能。

（6）执法具有较大的自由裁量权。自由裁量权是指法律规范未对执法行为进行详细规定，而在一定幅度和范围内给予执法者选择的权利。由于行政机关管理的事务涉及面很广泛，而且社会本身就处于不断发展变化的过程中，法律规范不可能对每一个细节作出明确的规定。因此，行政机关在执法活动中有较大的自由裁量权。

2. 执法的主要原则

执法的原则是指国家行政机关及其公职人员在行政执法活动中应当遵循的基本准则。在我国，执法应当遵循下列五项原则。

（1）合法性原则。合法性原则亦称行政法治原则或依法行政原则，是指国家在行政管理活动的各个方面，都要有法可依、依法办事，使国家的行政管理活动建立在法制的基础上，全面实行行政管理的法制化。合法性原则是现代法治国家行政活动的最基本原则，主要内容包括：①执法主体的设立及其职权的设定必须有法律依据，而且执法主体只能在其法定职权范围内执法，不得越权执法；②执法的内容必须合法，执法主体作出的一切能产生法律效力和法律后果的行为都是执法的内容，执法内容必须有法律依据，依法作出执法行为；③执法程序必须合法，由于执法内容的不同，执法程序也多种多样，因此必须按照各自不同的执法程序来执行。

（2）合理性原则。合理性原则指行政机关在执法活动中，特别是在行使自由裁量权时，必须符合立法的精神和目的，做到客观、合理、公正。

（3）效率原则。行政机关在执法活动过程中，必须最大限度地发挥其效能，以最小的投入取得最大的行政效率和效益。行政执法的效率原则要求行政执法主体必须有高度的责任感、尊重科学、考虑客观规律，作必要的可靠性分析和一定的成本效益分析，使执法行为具有最大可能的合理性，保证执法工作能迅速、准确、高效进行，尽可能给国家、社会、公民带来益处，避免或减少对国家、社会、公民利益的损害。

（4）民主原则。行政执法主体在执法活动过程中，应当充分保障行政管理相对人的合法权益，充分听取行政管理相对人的陈述、意见以及建议，使执法过程充分发扬民主精神，确保执法行为的合法化、合理化。

（5）程序正当原则。执法主体在执法活动过程中，必须遵循法定的程序，使执法行为公平、公开、透明，充分保障行政管理相对人的合法权益。

3. 执法的主要类型

（1）抽象执法行为。抽象执法行为是指各级行政机关制定和颁布行政法规、规章的行为。由于这一行为没有具体的相对人，其实施的对象具有不确定性，因此称为抽象执法行为。

（2）组织管理行为。组织管理行为是指各级行政机关依法在其职权范围内进行日常的组织与管理行为。

（3）行政准司法行为。行政准司法行为是指行政机关依法对行政纠纷和某些民事纠纷作出裁决的行为。行政准司法行为主要体现为行政裁决、行政复议、行政调解等。

（4）监督行为。监督行为是指行政机关内部通过法定方式对其工作人员在行政管理活动中是否正确执行国家法律、法规及政策的监督行为。

（四）司法

1. 司法的基本特征

司法也称"法的适用"，是指国家司法机关依照法定的职权和程序具体应用法律处理案件的专门活动。司法作为法的实施的重要方式之一，具有以下四个特征。

（1）司法是国家司法机关从事的专门活动，其他任何国家机关、社会组织和个人都无此项权力。在司法机关中，并不是所有的工作人员都能行使司法权，只有享有司法权的工作人员才能行使。在我国，有权行使司法权的人员只能是法官和检察官。

（2）司法是司法机关按照法定的权限和程序进行的专门活动。司法机关从事司法活动时，应当在法定的职权范围内从事活动，同时应当依照法定的程序进行。目前，我国司法程序主要分为刑事诉讼程序、民事诉讼程序和行政诉讼程序。这些程序是保障司法活动公正、公开、透明，保障诉讼当事人合法权益的重要保证。

（3）司法活动以相关的法律文件表明结果。司法机关对具体案件的处理制作相应的法律文件，以此向有关当事人宣告司法活动的过程和结果。这些法律文件对当事人具有法律约束力和强制性，一经作出，非经法定程序，任何单位和个人都不能变动、废止。

（4）司法活动以国家强制力保障实施。司法活动表现为司法机关处理具体的案件，其结果体现为对违法犯罪行为的刑事制裁或民事、行政的赔偿、补偿等具体义务的履行。司法机关对案件的裁决一经生效，对相关当事人就具有法律约束力，必须严格按照裁决的结果履行。法律赋予司法机关对负有履行义务的当事人可依法强制其履行义务的权力。

2. 司法的基本要求

司法的基本要求是正确、合法、及时，三者有机统一，不可分割。

（1）正确。正确司法体现为司法机关认定案件事实要正确，必须深入调查，收集案件证据材料，客观全面掌握案件事实情况，是正确司法的前提和基础；对案件的定性要正确，要正确区分刑事、民事、行政等案件的不同性质，分清合法与违法、罪与非罪、此罪与彼罪的界限，定性准确是正确司法的关键；对案件的处理要正确，要根据案件的事实和有关法律规定，对案件进行公平、公正的处理，做到裁决公正、赏罚分明、不枉不纵。

（2）合法。司法的主体必须合法，只有司法机关才能从事司法活动，其他任何机关、组织以及个人均无权行使司法权；司法应当严格按照法定程序进行；司法必须符合实体法的规定，司法机关对具体案件的处理，必须严格根据实体法的标准作出处理。

（3）及时。司法机关在处理具体案件时，要提高工作效率，及时办案、及时结案，并保证办案质量；要严格按照司法程序中的各个环节及时限的规定办案，不能任意拖延。

3. 司法的基本原则

司法的基本原则是司法机关在司法过程中应当遵循的基本准则，具体如下：

（1）法治原则。司法机关在司法活动中，要严格依法司法，坚持"以事实为根据，以法律为准绳"的原则。以事实为根据是指只能以合法有效的证据证明的事实作为认定案件的依据。以法律为准绳是指要严格按照法律规定办案，按照法定的权限和程序，根据法律的相关规定，确定案件性质，分清法律责任，从而作出正确的处理。

（2）平等原则。平等原则是指公民在法律面前一律平等原则，主要包括三个方面的内容。①在我国，法律对于全体公民，不论民族、种族、性别、职业、社会出身、教育程度、财产状况、居住年限等都普遍适用，不能因人而异；②公民平等地享有法律赋予的权利，平等地承担法律规定的义务，不允许只享有权利而不承担义务，也不允许只承担义务而享受不到权利；③在我国，不允许任何公民有超越法律的特权，对于任何公民的违法犯罪行为都应当平等地进行追究，对任何公民的合法权益都应当平等地依法保护。

（3）司法独立原则。司法独立原则是指司法机关依法独立行使职权的原则。这是我国宪法规定的一项宪法原则，也是司法机关司法活动的一项基本原则。它包括三个方面的内容：①国家的司法权只能由司法机关行使，其他任何机关、组织或个人均无权行使；②司法机关依照法律规定行使职权，不受行政机关、社会组织和个人的干涉；③司法机关审理案件必须遵循法律规定，准确地适用法律。

（4）司法责任原则。司法责任原则是指司法机关及司法人员在执行职务时，因故意或过失侵犯公民、法人或其他组织的合法权益，造成严重后果而应承担责任的原则。只有坚持这一原则，建立权力约束机制，才能增强司法人员的责任感，提高司法质量，防止司法过程中的违法行为，维护司法机关的威信和尊严。

4. 我国的司法体系

司法体系也称司法系统，指由国家宪法规定的享有司法权的司法主体所构成的体系。

（1）人民法院。人民法院是我国司法主体的重要组成部分，它代表国家行使审判权。我国法院系统由以下部分组成：

第一，最高人民法院。最高人民法院是最高国家审判机关。

第二，地方各级人民法院。其可分为基层人民法院、中级人民法院和高级人民法院三级。

第三，专门人民法院。专门人民法院是在特定部门或针对特定案件设立的法院，而不是按行政区划设立的法院，其管辖的案件具有专门性。我国现有的专门法院有军事法院、铁路运输法院、海事法院、林业法院、农垦法院等。

（2）人民检察院。人民检察院是我国司法主体的另一大系统，它代表国家行使检察权和法律监督权。我国的检察院系统由以下部分组成：

第一，最高人民检察院。最高人民检察院是我国最高检察机关，统一领导全国的检察工作。

第二，地方各级人民检察院。主要包括县（区）级人民检察院、市（地）级人民检察院、省（自治区、直辖市）级人民检察院。

第三，专门人民检察院。目前有军事检察院、铁路运输检察院等。

（五）违法

1. 违法的构成

违法是指特定的组织或公民违反法律规定，危害社会的行为。其表现为不履行守法义务或者超越法定的行使权利的界限行使权利，从而对其他社会主体的合法权益造成侵害。理论上对违法一般有广义和狭义两种理解：广义的违法指违反一切现行法律的行为；而狭义的违法则指违反刑法以外的其他法律的行为。

构成违法行为应当具备以下要素：

（1）违法是违反法律规定的行为。违法行为就是作出了法律不允许的行为，或者是不作出法律要求作出的行为。违法行为的认定必须以法律的规定为依据。

（2）违法是具有社会危害性的行为。社会危害性是一切违法行为的根本特征。任何违法行为都会侵犯法律所保护和维持的社会关系，对社会造成一定的危害。

（3）违法是行为人主观上有过错的行为。违法行为人在主观上一般存在故意或过失的现象。故意是指行为人明知自己的行为会发生危害社会的结果，并且希望或放任这种结果的发生。过失是指行为人应当预见到自己的行为可能发生危害社会的结果，因为疏忽大意没有预见，或者已经预见而轻信能够避免，以致发生危害结果。

（4）违法者必须具有法定责任能力。法律上把行为人承担法律后果的条件称为责任能力。违法者必须具备承担危害结果的行为能力，即其有能力对自己的行为负责。

2. 违法的种类

违法行为根据其性质、危害程度和调整方式的不同，一般可以分为以下四个类型。

（1）违宪行为。违宪行为指国家机关制定法律、法规和其他规范性法律文件以及具有特定地位的国家公职人员的某些公务活动，与宪法的规定相违背或相冲突，应当承担宪法责任的行为。普通公民及法人一般不构成违宪行为的主体。

（2）刑事违法行为。刑事违法行为也称作犯罪，是指触犯刑法而应受到刑罚处罚的行为。与一般违法行为相比较，它的社会危害性最为严重，但不同的犯罪行为的社会危害性也有轻重之分。

（3）民事违法行为。民事违法行为指违反民事法律规定，应当追究民事责任的行为。主要表现为侵权行为和违约行为两大类。

（4）行政违法行为。行政违法行为指违反国家行政法规，应当承担行政法律责任的行为。其包括国家工作人员在执行公务过程中的轻微违法行为和公民、社会组织等行政管理相对人违反行政管理法规的行为。

第二章 经济法的主要内容

第一节 经济法与经济法律关系

一、经济法

（一）经济法的调整对象

经济法是一门涉及经济活动中法律规则和制度的学科，旨在规范和保障经济活动的合法性、公平性和稳定性。经济法是法律体系中的一个重要组成部分，通过制定、解释和执行法律规则，调整了经济主体之间的关系，保护了各方的权利和利益，推动了经济的健康发展。经济法的调整对象包括各种经济活动和参与主体，在不同的法律体系下，其具体范围和内容可能有所不同。

首先，经济法调整的主体包括个人、企业、组织等参与经济活动的各方。无论是个人还是法人实体，参与经济活动都需要遵守一系列经济法规定的规则和标准。例如，企业在进行市场竞争时需要遵守反垄断法和不正当竞争法等相关法律规定，以保障市场公平竞争的环境；个人在从事商业活动或投资时也需要遵守相关的法律法规，确保合法性和合规性。经济法通过对这些经济主体的行为进行规范，维护了市场秩序的正常运行，促进了经济的发展和繁荣。

其次，经济法还调整了不同经济活动的各个领域，涉及生产、流通、消费等经济过程中的方方面面。在生产领域，经济法规定了工商企业的注册登记、生产经营许可等程序，保护了企业的合法权益和消费者的安全权益；在流通领域，经济法规定了市场准入、商品质量安全、合同约定等规则，保障了商品的质量和市场的秩序；在消费领域，经济法规定了产品质量保证、消费者权益保护、消费者教育等制度，保障了消费者的合法权益和利益。经济法通过对各个领域的经济活动进行调整，促进了资源的合理配置和经济效益的最大化。

最后，经济法还调整了国际经济活动中的各种关系和行为。随着经济全球化的深入发展，国际间的经济往来日益频繁，涉及贸易、投资、金融等多个领域。《国际经济法》规定了国际贸易的规则和程序，保护了跨国企业和投资者的权益，维护了国际市场的稳定和秩序；《国际经济法》还规定了金融机构和金融产品的监管规则，保障了金融市场的健康发展和金融安全。经济法通过对国际经济活动的调整，促进了国际贸易和投资的便利化和规范化，推动了全球经济的合作与发展。

总的来说，经济法作为一门重要的法律学科，调整了经济活动中各种关系和行为，涉及个人、企业、组织等经济主体的权利和义务，涵盖了生产、流通、消费等多个领域，还涉及国际间的经济往来和合作。经济法的实施和落实对于维护经济秩序、保护市场公平、促进经济发展和国际经济合作具有重要意义。在全球经济一体化和经济全球化的背景下，经济法的不断发展和完善将进一步推动经济的健康发展和国际经济的繁荣。

（二）经济法的原则

经济法的基本原则与经济法的调整对象有着密切的联系，根据上述经济法的调整对象，我们可以把经济法的基本原则概括为以下两项内容。

1. 国家适度干预原则

所谓适度干预，是指国家必须在充分尊重经济自主的前提下，对社会经济生活进行的一种正当而又谨慎的干预。市场经济是一种以市场作为资源配置主要手段的经济体制，强调经济主体的自主性。而国家干预作为一种外部的强制力量，是基于市场失灵、社会公平等因素而介入市场的，这种介入有着明显的人为因素和很强的目的性。因此，国家干预要寻求一种适度干预，不可擅自扩大干预的范围而损害市场自身的运行功效。

（1）国家干预应具有正当性。这是要求干预者所拥有的干预权力只能源于法律的规定；干预必须符合法律规定的程序。

（2）国家干预应具有谨慎性。国家干预要尽量符合市场机制自身的运行规律，不能压制市场经济主体的经济自主性和创造性；要掌握适度的干预范围和干预手段，以避免干预的负面影响和随意性。

2. 维护公平竞争原则

经济法一方面从市场规制的角度出发，禁止和限制违约、侵权、不正当竞争等破坏竞争秩序的行为，以维护自由公平的竞争环境，保障市场交易的安全和有序；对市场交易主体中作为弱者一方的消费者给以特殊的保护，以维护交易的公平和社会的稳定。另一方面，则从国家宏观经济的角度，通过税收、金融、产业指导等经济手段，引导市场主体作出能够促进社会发展的选择，为经济发展创造良好社会环境和法治环境，保证社会分配的合理与公平、公正。

二、经济法律关系

经济法律关系是指在国家协调经济运行过程中形成的，由经济法确认和调整的经济权利和经济义务关系。经济法律关系与经济法的调整对象有密切的联系，经济法律关系是作为经济法调整对象的特定经济关系在法律上的反映。

（一）经济法律关系的构成要素

经济法律关系的构成要素是指构成经济法律关系不可缺少的必要组成部分，即经济法律关系的主体、经济法律关系的内容、经济法律关系的客体。这三个构成要素必须同时具备，才能形成一项完整的经济法律关系。

1. 经济法律关系的主体

经济法律关系的主体，即经济法主体，是指在国家协调本国经济运行过程中，依法享受权利和承担义务的社会实体。经济法律关系的主体是经济法律关系的直接参与者，它既是经济权利的享受者，又是经济义务的承担者，是经济法律关系中最积极、最活跃的因素。在我国，经济法律关系的主体主要包括以下四类。

（1）国家机关。国家机关是行使国家职能的各种机关的总称，包括国家权力机关、国家行政机关、国家司法机关等。而作为经济法律关系主体的国家机关主要是指国家行政机关中的经济管理机关，在市场管理和宏观调控中发挥着重要作用。

（2）经济组织和其他社会组织。经济组织是指拥有独立的资产，自主地从事经济活动，一般以营利为目的并实行独立核算与自负盈亏的经济实体。经济组织中最主要的是各种各样的企业。企业是经济法律关系中最主要的参加者，在经济法主体结构中处于基础地位，是经济法的基本主体。其他社会组织主要包括事业单位和社会团体。

（3）经济组织的内部机构和有关人员。根据经济法律、法规的规定，经济组织的内部机构和有关人员在参加经济组织内部的经济管理法律关系时，就具有经济法律关系主体的资格。

（4）农村承包经营户、城乡个体工商户和自然人。当农村承包经营户、城乡个体工商户和自然人在市场运行过程中与其他主体发生经济权利和经济义务关系时，便成为经济法律关系的主体。

2. 经济法律关系的客体

经济法律关系的客体是指经济法律关系的主体享有的经济权利和承担的经济义务所共同指向的对象。客体是确立权利、义务关系性质和具体内容的依据，也是确定权利是否行使和义务是否履行的客观标准。经济权利和经济义务只有通过客体才能得到体现和落实。

经济法律关系的客体主要包括以下三类：

（1）物。物是指经济法律关系的主体能够控制和支配的，经济法律、法规允许其进入经济法律关系运行过程的，具有一定经济价值并以物质形态表现出来的物品，主要指各种有形资产。

（2）行为。行为是指经济法律关系的主体为实现一定的经济目的所进行的活动，如经济管理行为、订立合同及履行合同的行为、完成一定工作的行为、提供一定劳务的行为等。

（3）智力成果。智力成果是指人们通过脑力劳动创造的能够带来经济价值的创造性劳动成果，如作品、发明、实用新型、外观设计、商标、计算机软件等。

（二）经济法律关系的内容

经济法律关系的内容是指经济法律关系的主体所享有的经济权利和承担的经济义务。这是经济法律关系的实质，经济法律关系的主体之间通过经济权利和经济义务联结起来，并确立他们之间的法律责任。

1. 经济权利

经济权利是指经济法律关系的主体在国家协调经济运行过程中，依法具有的为或者不为一定行为和要求他人为或者不为一定行为的资格。其主要内容包括以下四个方面：

（1）经济职权：是指国家机关行使经济管理职能时依法享有的权利。其基本特征是：①经济职权的产生基于国家授权或者法律的直接规定；②经济职权具有命令与服从的性质，即在国家机关依法行使经济职权时，其下属的国家机关、有关的经济组织和个人等经济法主体，都必须服从；③经济职权不可随意转让或放弃，因为对于国家机关来说，行使经济职权既是权利也是义务，随意转让或放弃是一种失职和违法行为。经济职权的内容主要包括经济立法权、经济决策权、经济命令权、经济许可权、经济审核权、经济监督权等。

（2）财产所有权：是指企业等财产所有人在法律规定的范围内，对属于自己的财产享有的占有、使用、收益、处分的权利。

（3）经营管理权：是指企业等主体进行生产经营活动时依法享有的权利，其内容主要有经营方式选择权、生产经营决策权、物资采购权、产品销售权、人事劳动管理权、资金支配使用权、物资管理权等。

（4）请求权：是指经济法律关系主体的合法权益受到侵犯时，依法享有要求侵权人停止侵权行为和要求国家机关保护其合法权益的权利，其内容包括要求赔偿权、请求调解权、申请仲裁权、经济诉讼权等。

2. 经济义务

经济义务是指经济法律关系的主体在国家协调经济运行的过程中，为满足特定权利主体的要求，依法必须为或不为一定行为的责任。例如，贯彻国家的方针和政策，遵守法律和法规，履行经济管理的职责，全面履行经济协议和合同，依法缴纳税金，不得侵犯其他经济法主体的合法权益等。

经济权利和经济义务是构成经济法律关系的两个不可缺少的组成部分，它们是密切联系、相互依存的，一方经济权利的实现依赖于另一方经济义务的履行，一方履行经济义务则是为了满足另一方的经济权利。

（三）经济法律关系的发生、变更和终止

经济法律关系的发生，是指在经济法律关系主体之间形成一定的经济权利和经济义务关系。经济法律关系的变更，是指经济法律关系主体、内容、客体的变化。经济法律关系的终止，是指经济法律关系主体之间的经济权利和经济义务的消灭。

经济法律关系的发生、变更和终止，都必须以一定的法律事实为依据。经济法律事实是指能够引起经济法律关系发生、变更和终止的情况。

法律事实可以划分为法律行为和法律事件。法律行为是指能够引起经济法律关系发生、变更和终止的人们有意识的活动。法律事件是指能够引起经济法律关系发生、变更和终止的，不以人们的意志为转移的客观事实。法律事件有的表现为自然现象，如地震、洪水、台风等；有的表现为社会现象，如罢工、战争等。这两种现象都具有不可抗力的特征。

第二节 公司法与合同法

一、公司法

（一）公司法的调整对象与价值取向

公司法是指调整公司设立、组织、运营、解散以及其他社会关系的法律规范的总称。通常，公司法有广义和狭义之分。就广义而言，公司法是指各种调整公司设立、组织、运营、解散以及其他社会关系的公司法律规范的总称，不仅仅局限于以公司法命名的法律，还包括其他法律中的公司法规范；就狭义而言，所谓公司法就是指以公司法命名的调整公司设立、组织、运营、解散以及其他社会关系的法律规范的总称，如《中华人民共和国公司法》（以下简称《公司法》）。

1. 公司法的调整对象

调整对象是划分法律部门的重要标准之一。每一个法律部门，均有独特的调整对象，公司法也不例外。从公司法的概念出发，其调整对象主要为公司设立、组织、运营、解散过程中所发生的社会关系。就总体而言，这些社会关系可以分为财产关系和组织关系两类。

（1）财产关系。公司不会孤立地存在，必定和股东、第三人发生这样或那样的社会关系，从而形成对内关系和对外关系。所谓对内之法律关系，即指公司与其股东、或其股东相互间之法律关系而言；所谓对外之法律关系，即指公司与第三人或其股东与第三人之法律关系而言。因此，公司法所调整的财产关系又可以分为两类，即内部财产关系和外部财产关系。

内部财产关系，是指公司的发起人之间、股东之间、股东和公司之间围绕公司的设立、组织、运营、解散所形成的具有财产内容的社会关系，包括发起人的出资、出资的转让、股利的分配、公司的增资和减资、公司的合并和分立、公司的解散与清算等。公司的内部财产关系贯穿公司存续的全过程，是公司法的主要调整对象。

外部财产关系，是指公司运营过程中与第三人形成的具有财产内容的社会关系，包括两类：一是公司日常经营过程中与第三人形成的财产关系，该种财产关系与公司本身的组织特点并不密切联系，任何企业均会形成此种财产关系，因而该财产关系不由公司法调整；二是与公司本身的组织特点密切联系的财产关系，其他企业通常不会形成此种财产关系，该种财产关系多由公司法调整，如公司债发行过程中，公司与债权人、承销商之间的财产关系。

（2）组织关系。公司法调整的组织关系也分为两类，即内部组织关系和外部组织关系。

内部组织关系，是指公司的发起人之间、股东之间、股东和公司之间，以及股东与股东会、监事会、经理之间在公司存续过程中所形成的具有管理协作内容的社会关系。公司内部的组织关系涉及公司的运营和相关利害关系人的利益，也是公司法的主要调整对象，而且较之公司内部的财产关系而言更为重要。

外部组织关系，是指公司在设立、组织、运营、解散过程中与国家有关管理机关之间形成的纵向经济管理关系。例如，公司与工商机关、主管机关之间的关系。这种外部的组织关系对于公司的设立、组织、运营、解散非常重要，反映了整个社会维护经济秩序和交易安全的客观需要。

2. 公司法的价值取向

法律价值的互克性是法律之间关系的主流。在法律的诸价值中，如果其中的一项价值得到完全的实现，就难免在一定程度上牺牲或否定其他价值。每一个部门法必然在相互冲突的法律价值中，选择某一项价值作为其基本价值追求，从而实现其立法目的。个人法和团体法也表现出了不同的价值取向。

在法律价值中，作为个人法的民法的基本价值取向是公平，即公平与民法的其他价值（譬如效率）发生冲突时，民法首先会选择公平，公平优先兼顾效率。作为民法基本价值取向的公平，主要体现在平等原则和公平原则上。平等是指人们在法律地位上的平等，并在其权利遭受侵害时应受到平等的保护。平等是社会中最基本的正义，或者说是分配正义的要求。公平原则强调以利益均衡作为价值判断标准调整主体之间的利益关系。平等原则和公平原则相辅相成，共同实现民法的公平、正义的价值理念。

作为团体法的公司法的基本价值取向是效率，即效率与公司法的其他价值（譬如公平）发生冲突时，公司法首先会选择效率，效率优先兼顾公平。公司股东的利益冲突在所难免，为了保障公司的整体利益，公司法建立了不同于民法的意思表示机制，实行"资本多数决"，极大地提高了效率。

（二）公司的设立

"公司设立，是指设立人依公司法规定在公司成立之前为组建公司进行的，目的在于取得公司主体资格的活动。"① 公司设立不同于公司成立。公司成立是公司经过设立程序后，具备了法律规定的条件，经过主管机关核准登记，签发营业执照，成为独立法人的事实。公司设立的目标就是公司成立，公司设立是公司成立的前提。同时，有了公司设立并不一定就会有公司成立，公司设立过程并不必然导致公司成立。另外，如果公司最后成立了，公司设立过程中发生的债权债务一般由根据设立行为而成立的公司承担；如果公司没有成立，公司设立过程中发生的债权债务则由发起人连带承担。

设立公司，应当依法向公司登记机关申请设立登记。符合规定的设立条件的，由公司登记机关分别登记为有限责任公司或者股份有限公司；不符合规定的设立条件的，不得登记为有限责任公司或者股份有限公司。法律、行政法规规定设立公司必须报经批准的，应当在公司登记前依法

---

① 任春玲. 公司法原理与实务 [M]. 北京：北京理工大学出版社，2021：17.

办理批准手续。公众可以向公司登记机关申请查询公司登记事项，公司登记机关应当提供查询服务。

1. 公司设立的原则

公司设立的原则实际就是国家对设立公司的基本态度。由于社会政治经济条件、传统文化、法律文化等因素的差异，各国对公司设立的态度在各个时期都有较大差异。因此，公司设立原则具有地域性、时代性。概括起来，公司设立主要遵循以下七个原则。

（1）法律合规原则。公司设立必须符合国家法律法规的规定，包括但不限于公司法、税法、劳动法等相关法律条文。这确保了公司的合法性和合规性，为其经营提供了法律保障。

（2）经济效益原则。公司设立应当符合经济效益原则，即公司的设立应当有利于提高社会生产力、促进经济发展，而非对经济资源造成浪费或低效使用。

（3）公平竞争原则。公司设立不应当破坏市场竞争秩序，应当遵循公平竞争原则，保障市场主体的平等竞争权利，防止垄断和不正当竞争行为。

（4）社会责任原则。公司设立应当承担社会责任，履行企业的社会责任，包括对员工、消费者、环境等相关利益方的责任，促进社会和谐稳定发展。

（5）透明公开原则。公司设立应当遵循透明公开原则，及时向社会公众、投资者披露公司信息，保障信息的真实、准确、完整，提高公司治理的透明度和规范性。

（6）保护投资者权益原则。公司设立应当保护投资者的合法权益，加强信息披露，提高信息透明度，防止内幕交易和欺诈行为，维护市场秩序和投资者信心。

（7）创新发展原则。公司设立应当鼓励创新发展，推动科技进步和产业升级，增强企业的竞争力和可持续发展能力。

这些原则相互交织、相互促进，构成了公司设立的基本框架，为企业的健康发展提供了制度保障和指导。

2. 公司设立的方式

公司设立方式有发起式设立和募集式设立两种。

（1）发起式设立。发起式设立是指公司设立时，公司注册资本由发起人全部认购，不向发起人之外的任何人募集而设立公司的方式。

无限责任公司、两合公司和有限责任公司属于封闭式公司，不能向社会发行股份，只能采取发起式设立公司。股份有限公司属于开放式公司，既可以采取发起式设立公司，也可以采取募集式设立公司。

发起式设立公司具有许多优点，包括：无须招股、公司设立周期短、设立费用少。同时，发起式设立公司的注册资本为在公司登记机关登记的全体发起人认购的股本总额，不是实缴股本总额。发起式设立是世界上比较通行的公司设立方式。发起式设立公司的缺点在于，对于资金需求量很大的公司来讲，发起人出资责任太大。因此，发起式设立方式不适合于设立大型公司。

（2）募集式设立。募集式设立是指公司设立时，发起人仅认购公司一定比例的股份，其余公开募集而设立公司的方式。募集式设立与发起式设立的主要不同在于募集式设立公司可以向外招募股份。

募集式设立公司的优点在于可以通过以发行股份的方式吸收社会闲散资金，在短期内筹集成立公司所需的巨额资本，缓解发起人的出资压力，便于公司成立。募集式设立公司的缺点在于需要许多烦琐的程序，公司设立周期长，设立费用高。通常只有设立需要巨额资本的公司时才采取募集式设立公司。

募集式设立可分为公开募集式设立和非公开募集式设立。公开募集式设立，是指股份有限公司发起人向不特定对象、向累计超过200人的特定对象发行股份，或者法律、行政法规规定的其他发行行为筹集资本的设立公司的行为。非公开募集式设立，是指股份有限公司发起人向累计不超过200人的特定对象，不采用广告、公开劝诱和变相公开方式发行股份而筹集资本的设立公司的行为。

相对来说，非公开募集设立公司具有吸收社会闲散资金、在短期内筹集成立公司所需的巨额资本、缓解发起人的出资压力、便于公司成立等优点，同时还兼有设立周期短、设立费用少的特点。

3. 公司设立的条件

公司设立的条件是指公司成立所必须具备的基本要素。公司的设立是一个严谨而复杂的过程，需要遵循一系列的法律法规和标准程序。在此过程中，公司的设立条件不仅包括法律上的要求，还包括经济、财务和组织等多方面的考虑。

(1) 法律合规性。公司设立的首要条件是法律合规性。即便在不同国家和地区，也有各自的法律要求，但通常都会包括以下三个方面。

第一，注册地点和注册类型。公司的注册地点通常是指定的行政区域，而注册类型可能是有限责任公司、股份有限公司等。根据公司的性质和规模，选择合适的注册类型至关重要。

第二，注册资本。许多司法管辖区都要求公司在设立时提供一定数额的注册资本作为信用保证。注册资本的数额通常取决于公司的规模和所处行业。

第三，公司章程和法定文件。公司章程是公司设立的基本文件，其中包含了公司的名称、业务范围、股东权利和义务等关键信息。此外，还需要提交一系列的法定文件，如股东身份证明、董事会成员名单等。

(2) 财务实力。公司设立还需要足够的财务实力来支撑其日常运营和发展。这包括但不限于以下几个方面：

第一，注册资本。除了法律要求外，注册资本也代表了公司的财务实力。足够的注册资本可以增强公司在商业活动中的信誉和竞争力。

第二，资金来源。公司设立需要充分考虑资金来源，包括股东出资、银行贷款、投资者投资等。确保资金来源的合法性和稳定性是公司设立的重要条件之一。

(3) 组织架构和管理体系。有效的组织架构和管理体系是公司设立的关键条件之一。这包括但不限于以下方面：

第一，董事会和管理团队。公司需要建立清晰的董事会和管理团队，明确各自的职责和权利，确保公司能够有效运营和管理。

第二，内部控制和合规制度。建立完善的内部控制和合规制度是保障公司利益和股东权益的重要措施。这包括财务管理、风险管理、合规审计等方面。

综上所述，公司设立的条件涉及法律合规性、财务实力和组织管理等多个方面。只有在满足这些条件的基础上，公司才能顺利设立并持续稳定发展。

4. 公司设立的程序

公司设立是一项复杂而又重要的程序，需要严格按照法定程序和规定来进行。

（1）签订发起人协议。在公司设立之初，需要由公司的发起人签订发起人协议。发起人协议是一份正式文件，明确了公司的设立意图、各方的责任和义务、股权结构等重要内容。通过签订发起人协议，可以确保所有发起人在公司设立过程中有明确的合作方向和共识，为公司的正常运营奠定基础。

（2）订立公司章程。公司章程是公司设立的基本法规，是公司治理的核心文件。在订立公司章程时，需要明确公司的名称、注册地址、经营范围、股东权益、公司组织结构、公司财务管理等重要内容。公司章程的制定应当符合相关法律法规的规定，同时应当考虑到公司自身的实际情况和发展需要，确保公司能够健康、有序地运营。

（3）报经主管部门审批。在签订发起人协议和订立公司章程之后，需要将相关文件提交给主管部门进行审批。主管部门会对公司的设立申请进行审查，确认其符合法定条件和程序。只有经过主管部门的批准，公司才能够正式设立并进行后续的登记手续。

（4）缴纳出资。公司设立需要股东出资作为公司的注册资本。在公司设立过程中，股东需要按照公司章程的规定向公司注入资金，形成公司的注册资本。注册资本的缴纳是公司设立的重要环节，也是公司设立成功的前提条件之一。"货币出资的缴纳方式，只需货币的实际交付，即股东按期将货币出资足额存入公司在银行开设的账户。非货币出资分为实物出资和权利出资，实物出资分为动产出资和不动产出资。按照物权变动的法律原则，动产物权的转移以交付为要件，不动产物权的转移以登记为要件。"①

（5）确立公司管理机关。公司管理机关包括董事会、监事会（或者监事）、经理（总经理）。在公司设立后，需要确定公司的管理机构和管理人员，并明确其职责和权限。公司管理机关是公司治理的重要组成部分，对于公司的运营和发展起着关键作用。

（6）申请公司登记。公司设立的最后一步是向工商行政管理部门申请公司登记。在完成前述程序之后，需要将相关文件和资料提交给工商行政管理部门进行公司登记手续。经过登记后，公司才能够取得法人资格，正式开始营业活动。

（三）公司的变更

1. 公司的合并

（1）公司合并的特征。公司合并是指两个或者两个以上的公司订立合并协议并依照法定程序归并为一个公司的法律行为。公司合并具有以下特征：

第一，公司合并是一种法律行为。公司合并是公司组织变更的行为，将给许多关系人带来影响。被合并的公司丧失了主体资格，原来公司的组织机构也不能存在，其股东身份也将改变，其债权人的利益也将受到影响。公司合并是一种特殊的合同行为，必须按照规定进行。如果违反法律规定，公司合并就存在效力问题。

第二，公司合并是将两个或者两个以上的公司归并为一个公司的行为。公司合并包括吸收合并和新设合并。

第三，公司合并应当依法进行。《公司法》规定了公司合并的程序，

---

① 金晓文. 中国公司法原理与适用 [M]. 北京：中国法制出版社，2017：4.

公司合并时必须遵守。如果公司合并没有按照这些程序进行，可能导致公司合并无效。

（2）公司合并的方式。

第一，吸收合并与新设合并。根据合并后公司是否还有公司存续，可以将公司合并分为吸收合并和新设合并。吸收合并就是一个公司吸收其他公司，使被吸收的公司解散。在这种合并中，存续公司仍然保持原来公司的名称，获得被吸收公司的财产和债权，同时应当承担被吸收公司的债务。继续存在的公司被称为存续公司，由于合并而丧失主体资格的公司被称为消灭公司。新设合并，又称为创设合并，就是两个或者两个以上公司合并设立一个新的公司，同时合并各方解散。在这种合并中，新设立的公司是在接管原来公司的全部财产和业务的基础上设立的，因而也应当对原来公司的债务负责。

第二，现金合并与易股合并。依照合并对价形式不同，公司合并可以分为现金合并与易股合并。现金合并是指在合并中，消灭公司的某些股东被要求接受现金或者其他财产作为对价，从而将这些股东驱逐出合并的公司。现金合并是利用合并程序将特定股东挤走的合并方式，因而属于强制收购。易股合并是指在合并交易中，消灭公司的股东接受存续公司的股份作为合并对价的合并方式。易股合并是比较传统的合并方式。在这种合并完成后，消灭公司的股东接受存续公司的股票，成为存续公司的股东。

（3）公司合并的程序。

第一，订立合并协议。公司合并，应当由合并各方签订合并协议。在公司合并实践中，往往是公司高级管理人员在得到董事会的授权后即进行公司合并谈判，并代表双方公司拟订合并协议，确定合并交易的各种条款和条件。其内容主要包括：哪一方公司在公司合并后继续存在；存续公司章程的变更或者在新设合并的情况下新公司章程的制定；合并后存续公司或者新公司的人事安排；等等。另外，合并协议还必须关注股东的变化。就消灭公司的股东而言，他们必须将手中持有的消灭公司的股票进行置换；存续公司的股东则可以继续持有其股份，也可以不继续持有其股份。合并协议需要经过公司董事会同意，董事会同意后再将协议提交给股东会或者股东大会，然后由股东会或者股东大会决定。

第二，股东会或者股东大会决议通过。公司合并是公司的重大变更事项，对股东利益影响很大。因此，公司合并必须经过股东会或者股东大会同意后才能实施。有限责任公司的股东会会议作出公司合并决议，必须经代表三分之二以上表决权的股东通过。国有独资公司的合并，必须由国有资产监督管理机构决定。其中，重要的国有独资公司合并，应当由国有资产监督管理机构审核后，报本级人民政府批准。股份有限公司的股东大会作出公司合并决议，必须经出席会议的股东所持表决权的三分之二以上通过。

第三，编制资产负债表及财产清单。公司合并，应当编制资产负债表及财产清单。编制资产负债表的目的是便于了解公司现有资产状况；编制财产清单应当包括公司所有的动产、不动产、债权债务以及其他资产或者债务，并分门别类标明加工，记载于财产目录表中。上述表册应当按照规定备置，供债权人、股东查阅。

第四，对债权人的通知或者公告。因为公司合并会对公司债权人利益构成影响，所以法律要求公司在作出合并决议后应当通知或者公告债权人。公司应当自作出合并决议之日起十日内通知债权人，并于三十日内在报纸上公告。债权人自接到通知书之日起三十日内，未接到通知书的自公告之日起四十五日内，可以要求公司清偿债务或者提供相应的担保。

第五，办理合并登记手续。公司合并完成后，应当办理相应的注销、变更或者设立登记。公司合并的登记事项发生变更的，应当依法向公司登记机关办理变更登记；公司解散的，应依法办理注销登记；设立新公司的，应依法办理公司设立登记；公司变更的，应当依法办理变更登记。

（4）公司合并的法律后果。

第一，公司的消灭。公司合并必然有一个或者一个以上的公司解散。在吸收合并中，被吸收的公司解散；在新设合并中，被合并的公司全部解散。因为合并而消灭的公司的股东，可以以其持有的股份或者出资额，按照合并协议换取存续公司或者新设立公司的股份或者出资额，也可以退出公司。

第二，公司的变更。在吸收合并中，存续公司的债权、债务以及股权结构已经改变，公司章程也应当改变，公司的机构组成也可能发生变化。因此，存续公司应当立即召集股东会或者股东大会，变更公司章程，依法办理变更登记。

第三，新公司的诞生。在新设合并中，新公司必然产生，新公司应当立即召集股东会或者股东大会，制定公司章程，依法办理公司登记。

2. 公司的分立

公司分立，又称为公司分割，是指一个公司分成两个或者两个以上的新公司，或者从一个公司中分出一个或者数个公司的法律行为。在现实生活中，许多公司根据专业化分工的需要，将原来公司中从事某一类或者某一部分业务的机构独立出来，另外成立一个公司，使其能够独立对外承担民事责任、独立经营。公司分立是公司提高市场竞争力的重要手段。分立就是将公司分为多个独立承担民事责任的公司，具有分散经营风险的功能，是现代企业调整组织结构的一个重要手段。

（1）公司分立的形式。公司分立分为新设分立和派生分立两种。新设分立，又称为分解分立，是指将一个公司的财产全部转移到两个或者两个以上新公司，原公司消灭的制度。例如，甲公司将其全部资产一分为二，分别设立乙、丙两个公司，在乙、丙两个公司设立的同时，甲公司归于消灭。派生分立，又称为分拆，是指在不消灭原公司的基础上，将原来公司资产分出一部分或者若干部分，然后再设立一个或者数个公司的制度。例如，甲公司以其部分资产另外设立了乙公司，甲公司不因为乙公司的成立而消灭，只是甲公司资产额减少而已。

（2）公司分立的程序。公司分立与公司、股东、债权人甚至公司职工关系重大，为了维护各方利益，法律规定了严格的公司分立程序。与公司合并不同，公司分立是公司能够依法独立进行的行为，公司无须与他人协商。公司分立意味着新公司的设立，因而公司分立时必须按照公司设立的条件和程序进行。

第一，董事会决议。公司分立为公司的大事，必须先经过公司董事会讨论决定。董事会有权制订公司分立方案。董事会形成决议后，再将决议提交公司股东会或者股东大会决定。董事会应当制订具体的公司分立方案。

第二，股东会或者股东大会决议。由于公司分立属于与股东利益密切相关的重大事项，因此公司分立必须作为特别事项由股东会或者股东大会通过。有限责任公司的股东会会议作出公司分立决议，必须经代表三分之二以上表决权的股东通过。国有独资公司的分立，必须由国有资产监督管理机构决定。其中，重要的国有独资公司分立，应当由国有资产监督管理机构审核后，报本级人民政府批准。股份有限公司的股东大会作出公司分立决议，必须经出席会议的股东所持表决权的三分之二以上通过。

分立方案的内容主要包括：①分立后存续公司或者新设公司的名称；②公司分立的条件；③公司资产的划分及归属；④有关存续公司章程的变更及新设公司的安排；⑤其他条款。

第三，编制资产负债表及财产清单。公司分立，其财产应作相应的分割。公司分立，应当编制资产负债表及财产清单。编制资产负债表的目的是便于了解公司现有资产状况；编制财产清单应当包括公司所有的动产、不动产、债权债务以及其他资产或者债务，并分门别类标明加工，记载于财产目录表中。上述表册应当按照规定备置，供债权人、股东查阅。

第四，通知和公告债权人。对债权人而言，公司分立将引起公司财产及其债务状况的变化，直接关系其债权的实现。

第五，由分立后的各公司签订内部分立协议。公司分立事项经过股东会或者股东大会通过后，分立后的各公司代表根据股东会或者股东大会的决议，就资产分割、债权债务分担、股权安排等事项及具体实施办法达成协议。协议的内容主要包括：①原公司的名称、住所；②分立后存续公司、新设公司的名称、住所；③原公司的资产负债状况及其处理办法；④存续公司、新设公司发行股份的总数、种类和数量；⑤向原公司股东换发新股票或者股权证明书的有关规定；⑥分立的具体日期。分立协议对分立后各公司具有法律约束力。

第六，申请登记。新设分立时，新设的公司都应当依法办理设立登记，原来的公司则应当办理注销登记。登记后，还应当发布公告。派生分立后，存续公司的股东、资本等发生了变化，应当办理变更登记；新设公司应当依法办理设立登记。

（3）公司分立的法律后果。

第一，公司的消灭。在新设分立时，原来的公司就应当消灭。

第二，公司的变更。在派生分立时，存续公司的股东、资产等方面都发生了变化，因而必须进行公司变更。

第三，新公司的诞生。无论是新设分立还是派生分立，都会设立新公司。新设分立后的公司全部为新公司，而派生分立后的公司除了存续公司外，其他公司都是新公司。

3. 公司的增资与减资

公司成立后，由于各种情况的变化，因此可能对公司资本进行相应调整，包括增加资本或者减少资本。

（1）公司的增资。增加资本，简称增资，是指公司为了筹集资金、扩大经营规模，依照法定条件和程序增加公司注册资本的行为。需要强调的是，这里的资本是注册资本，不是实缴资本，增加实缴资本不是增加资本。由于增加资本能够增强公司的实力、提高公司的信用、扩大公司的规模，且不会对交易安全和债权造成危害，因此各国公司法对公司增加资本的条件限制很少。

增加资本是公司的重大事项，必须作为股东会或者股东大会的特殊事项讨论通过。有限责任公司股东会会议作出增加注册资本的决议，必须经代表三分之二以上表决权的股东通过；国有独资公司减少注册资本，必须由国有资产监督管理机构决定；股份有限公司股东大会作出增加注册资本决议，必须经出席会议的股东所持表决权的三分之二以上通过。公司增加资本后，应当修改公司章程，办理变更登记。

公司增加资本主要有以下方式：

第一，增加票面价值。增加票面价值，就是公司在不改变原有股份总数和比例的前提下增加每股金额。通过这种方式以达到增加资本的目的，且不改变公司的股权比例。

第二，增加出资。有限责任公司如果需要增加资本，可以按照原有股东的出资比例增加出资，也可以邀请其他人出资，原有股东认购出资可以另外缴纳股款，也可以将公司公积金或者应当分配的股利留存转换为出资。

第三，发行新股。股份有限公司增加资本可以采取发行新股的方式。发行新股可以向原有股东发行，也可以向公众发行。公司原有股东享有优先认购权。上市公司进行的配股发行是公司向原有股东增资发行新股的一种形式。

第四，债转股。如果将对公司的债权转换为股权，那么公司的这些债务消灭，股本增加。上市公司经股东大会决议可以发行可转换为股票的公司债券，并在公司债券募集办法中规定具体的转换办法。如果某上市公司发行了可转换为股票的公司债券，债券持有人有权依法选择是否将公司债券转换为公司股票。如果转换，那么该负债消灭，公司股本增加。

（2）公司的减资。减少资本，简称减资，是指公司依照法定条件和程序减少公司注册资本的行为。按照资本不变的原则，一般不允许公司减少注册资本。因为公司减少注册资本可能危及交易安全，会减弱对债权人的保护，但死板地坚持资本不变的原则，又过分地限制了公司的自主经营权，不利于发挥社会财富的经济效益，所以《公司法》允许公司在特定的情况下，依照法定程序减少注册资本。

公司减少资本主要有以下方式：

第一，票面价值减少。票面价值减少是指在不改变原有股份总数和比例的前提下减少股本的每股金额的方式。例如，将原来每股金额 12 元减少为 8 元，公司注册资本就减少了。

第二，股份注销。股份注销是将已经发行在外的部分股份予以注销，从而减少公司资本的方式。例如，《公司法》规定，股份有限公司因为与持有本公司股份的其他公司合并或者股东对股东大会作出的公司合并、分立决议持异议而收购其股份的，持有的本公司股份应当注销或者转让。如果公司注销了这些股份，公司的资本就会相应减少。

4. 公司组织形式的变更

公司组织的变更，是指不中断公司的法人资格而将公司由一种法定形态变更为另一种法定形态的行为。营运中的公司，由于某种情形的变化，可能需要对公司的组织形式进行变更。例如，原来为一家家族式有限责任公司，后来公司规模扩大，原来的公司形式影响了公司的发展，需要将公司变更为股份有限公司。又如，原来的一家股份有限公司，由于其中的部分股东死亡或者退出公司，若再按照股份有限公司运作不利于公司的发展，则需要将公司变更为有限责任公司。

公司组织变更的最大好处是不中断法人资格，不影响公司的经营。如果没有公司组织变更制度，投资者想变更公司的形式就必须先解散公司，再对公司进行清算，然后再按照一般公司设立的程序重新注册另一种类型的公司。这样费时费力，势必造成公司营业的中断，对于公司股东、债权人和社会经济的发展与繁荣均不利。因此，各国公司法为了使投资者迅速、经济地改变公司形态，均规定了公司组织的变更制度，使公司无须中断营业和法人资格，通过履行一系列法定程序便可达到变更公司形式的目的。

（1）公司组织变更的类型。公司组织变更不是任意进行的，但各国要求的条件不一，具体来说，公司组织形式的变更包括多种类型：有限责任公司变更为股份有限公司、股份有限公司变更为有限责任公司、无限责任公司变更为两合公司、两合公司变更为无限责任公司、股份两合公司变更为股份有限公司、股份有限公司变更为股份两合公司、股份有限公司变更为无限责任公司、无限责任公司变更为股份有限公司、股份有限公司变更为两合公司、股份两合公司变更为有限责任公司等。

有限责任公司变更为股份有限公司，应当符合《公司法》规定的股份有限公司的条件。股份有限公司变更为有限责任公司，应当符合《公司法》规定的有限责任公司的条件。有限责任公司变更为股份有限公司的，或者股份有限公司变更为有限责任公司的，公司变更前的债权、债务由变更后的公司承继。因此，我国公司组织变更只有两种类型，即有限责任公司变更为股份有限公司和股份有限公司变更为有限责任公司。

（2）公司组织变更的程序。

第一，制订变更方案。公司在进行组织变更前，必须制订变更方案，对变更后的公司名称、股权安排、公司组织结构等提出初步意见。

第二，通过公司组织变更决议。公司组织变更是关系股东权责的大事，必须经过股东会或者股东大会以特别决议的形式通过。有限责任公司的股东会作出公司组织变更决议，必须经过代表三分之二以上表决权的股东通过；股份有限公司的股东大会作出公司组织变更决议，必须经出席会议的股东所持表决权的分之二以上通过。

第三，编制公司资产负债表和财产目录。公司组织变更的同时是新公司的设立，公司设立必须符合法律规定的条件。根据《公司法》的原理，变更前公司的净资产是变更后公司的注册资本，股东的权益和责任也取决于变更前公司的财产状况。因此，在公司组织变更时，公司应当编制资产负债表和财产清单，作为变更后公司的资本基础，也是变更后股东权益和责任的基础。

第四，向债权人进行通知和公告。进行组织变更的公司应当在法定期限内将公司变更事项通知或者公告债权人。

第五，申请办理登记。公司组织变更，其章程必须变更，公司名称等许多方面都发生了变化，因而公司组织变更后，应当依法办理变更登记。

（四）公司的解散

1. 公司解散及解散后存续公司的性质

公司解散是公司根据法律自愿或者被迫终止公司营业的行为，是公司主体资格彻底消灭的必经程序。首先，公司解散是公司终止公司营业的行为。公司解散只是导致公司丧失营业资格，公司人格没有消灭，公司还可以对外进行许多民事活动。其次，公司解散可以分为自愿解散和被迫解散两种类型。最后，公司解散是一种行为，可能是公司自己的行为，也可能是行政行为，还可能是司法行为。

对于解散后存续公司的性质，存在以下四种观点。

（1）人格消灭说，即公司因为解散而丧失法人资格，公司财产归股东所有。

（2）清算公司说，即解散后清算中的公司是专门为了清算而存在的公司。

（3）拟制说，即公司因为解散而丧失法人资格，并不得从事经营范围内的活动，但由于法律的拟制，在清算范围内的公司仍被应视为存在且享有权利能力。

（4）同一人格说，即公司虽然已经解散，但其法人资格并无本质区别，只是权利能力范围有所缩小而已。各国现行公司法多持此说。

2. 公司自愿解散的原因

（1）公司章程规定的解散事由出现。

第一，公司章程规定的营业期限届满。有些国家公司法规定，公司的经营期限是公司章程的必要记载事项，但多数国家没有此要求。如果公司章程确定了经营期限，又没有依法进行延长，那么当公司营业期限届满时，公司应当解散。但是如果公司在期限届满前，依照法律规定修改了公司章程，那么公司就无须解散。

第二，公司章程规定的其他解散事由出现。各国公司法规定，在不违反法律的前提下，允许公司在章程中载明公司的解散事由。当公司章程规定的解散事由出现时，公司按照章程规定解散，无须股东会或者股东大会另外作出解散决议。

如果有限责任公司的公司章程规定的营业期限届满或者公司章程规定的其他解散事由出现，股东会会议通过决议修改章程使公司存续的，对股东会该项决议投反对票的股东可以请求公司按照合理的价格收购其股权。自股东会会议决议通过之日起六十日内，股东与公司不能达成股权收购协议的，股东可以自股东会会议决议通过之日起九十日内向人民法院提起诉讼。

（2）股东会或股东大会决议解散。公司可在运营过程中的必要时，经过股东会或者股东大会决议解散公司。公司解散属于公司的重大事项，与公司、股东的关系重大，因而公司解散决议必须是股东会或者股东大会作为特别决议事项通过的决议。有限责任公司的股东会作出公司解散决议，必须经过代表三分之二以上表决权的股东通过；股份有限公司的股东大会作出公司解散决议，必须经出席会议的股东所持表决权的三分之二以上通过。

（3）因公司合并或分立需解散。公司经过股东会或者股东大会决议可以合并或者分立，公司合并或分立可能会导致公司的解散。在吸收合并时，除存续公司继续存在外，其他参与合并的公司均被解散；在新设合并时，所有参与合并的公司均被解散；在解散分立时，原来的公司宣告解散。公司因为合并和分立而解散，无须进行清算。

3. 公司被迫解散的原因

虽然公司非自愿解散，但是若受到外界力量的干预也会被迫解散。公司被迫解散的情形包括以下两个方面：

（1）依法被行政主管机关吊销营业执照、责令关闭或被撤销。公司违反法《公司法》规定，虚报注册资本、提交虚假材料或者采取其他欺诈手段隐瞒重要事实取得公司登记的，由公司登记机关责令改正，对虚报注册资本的公司，处以虚报注册资本金额百分之五以上百分之十五以下的罚款；对提交虚假材料或者采取其他欺诈手段隐瞒重要事实的公司，处以五万元以上五十万元以下的罚款；情节严重的，撤销公司登记或者吊销营业执照。

此外，公司成立后无正当理由超过六个月未开业的，或者开业后自行停业连续六个月以上的，可以由公司登记机关吊销营业执照。公司伪造、涂改、出租、出借、转让营业执照情节严重的；公司不按规定接受年检，在宽限期内仍不接受年检的；在年检中隐瞒真实情况严重的；股份有限公司设立、变更、注销登记后，不在规定期限内发布公告或者发布公告内容与公司登记机关核准登记的内容不一致的，情节严重的，由登记机关吊销营业执照。主管部门取缔公司或吊销公司营业执照均可导致公司解散。

（2）人民法院裁定解散。公司经营管理发生严重困难，继续存续会使股东利益受到重大损失，通过其他途径不能解决的，持有公司全部股东表决权百分之十以上的股东，可以请求人民法院解散公司。人民法院根据股东的申请，有权裁定公司解散。

第一，明确了提起公司解散诉讼的股东资格。《公司法》规定了持有全部股东表决权百分之十以上的股东可以请求人民法院解散公司，但没有对单独持有全部公司股东表决权不到百分之十，合计持有公司全部股东表决权超过百分之十的公司股东是否可以请求人民法院解散公司作出规定。无论是单独持有还是合计持有公司全部股东表决权百分之十以上的股东，都有直接申请人民法院解散公司的权利。这样，司法解释是扩展解释了能够提起解散公司诉讼的主体范围。

第二，明确了股东提起解散公司诉讼的事由范围。如果公司经营管理发生严重困难，继续存续会使股东利益受到重大损失，通过其他途径不能解决，那么部分公司股东可以请求人民法院解散公司。为了便于操作，只有发生这些事由之一时，股东才能提起解散公司诉讼。①公司持续两年以上无法召开股东会或者股东大会，公司经营管理发生严重困难的；②股东表决时无法达到法定或者公司章程规定的比例，持续两年以上不能作出有效的股东会或者股东大会决议，公司经营管理发生严重困难的；③公司董事存在长期冲突，且无法通过股东会或者股东大会解决，公司经营管理发生严重困难的；④经营管理发生其他严重困难，公司继续存续会使股东利益受到重大损失的情形。

此外，股东不得以知情权、利润分配请求权等权益受到损害，或者公司亏损、财产不足以偿还全部债务，以及公司被吊销企业法人营业执照未进行清算等情况为由，提起解散公司诉讼。

第三，明确了股东提起解散公司诉讼的程序。股东提起解散公司诉讼，不能同时又申请人民法院对公司进行清算。如果股东坚持这样做，人民法院可以告知原告，在人民法院判决解散公司后，自行组织清算或者另行申请人民法院对公司进行清算。股东提起解散公司诉讼时，在股东提供担保且不影响公司正常经营的情形下，可以向人民法院申请财产保全或者证据保全。股东提起解散公司诉讼应当以公司为被告，其他股东不能为被告而只能为第三人。

原告提起解散公司诉讼应当告知其他股东，或者由人民法院通知其参加诉讼。其他股东或者有关利害关系人申请以共同原告或者第三人身份参加诉讼的，人民法院应予准许。

第四，人民法院审理解散公司案件的基本要求。人民法院审理解散公司诉讼案件应当注重调解。人民法院应当积极支持当事人协商，在不违反法律行政法规强制性规定的前提下，达成由公司或者股东收购股份，或者以减资等方式使公司存续的方案。当事人不能协商一致使公司存续的，人民法院应当及时判决。经人民法院调解后，公司同意收购原告股份的，公司应当自调解书生效之日起六个月内将股份转让或者注销。

股份转让或者注销之前，原告不得以公司收购其股份为由对抗公司债权人。人民法院关于解散公司诉讼作出的判决，对公司全体股东都具有法律约束力。在人民法院判决驳回解散公司诉讼请求后，提起该诉讼的股东或者其他股东不得又以同一事实和理由提起解散公司诉讼。

二、合同法

在商品经济发展的历史长河中，合同一直是商品交换的中枢；在博大精深的民法体系中，合同法又是动态过程的民法之最，作为调整平等主体间交换关系的法律规范，合同法一直是债法最具生机的代表。合同法调整平等主体之间的交易关系，故又称交易法；合同法所调整的交易关系主要是财产关系。因此，它又具有财产法的特点。这种财产交易关系多由当事人自主进行，合同行为多以意思自治为前提。因此，它又具有任意法的特征。

合同法主要规范的合同关系包括：合同的订立，合同的成立条件，合同的内容，合同的有效和无效，合同的履行、变更、解除、转让、终止，合同保全，合同救济，合同消灭等。

（一）合同的定义与特征

合同，又称契约，是一种在民事法律范畴中广泛存在的法律行为，可分为广义和狭义两种定义。广义的合同指的是两个以上当事人之间变动民事权利义务的行为，具体包括以变动物权为目的的物权合同、以变动身份关系为目的的身份合同（如收养），以及以变动债权、债务为目的的债权合同；狭义上的合同专指债权合同，即当事人之间以设定、变更或消灭债务关系为目的的双方民事法律行为。

合同具有以下特征：

第一，双方法律行为。合同是双方当事人的法律行为，至少需要两个或两个以上的当事人互为意思表示。这意味着在合同形成过程中，每个当事人都必须作出一定的意思表示，以表明其参与合同的意愿。

第二，一致的意思表示。双方当事人的意思表示必须是一致的。只有在双方的意思表示达成一致的情况下，合同才能成立。若只有一方作出了意思表示，或者虽有双方意思表示但彼此不一致，那么合同将不会成立。

第三，发生民事法律关系。合同的目的是发生、变更或终止民事法律关系。这意味着合同的签订会导致相关的民事法律关系的发生、变更或终止，从而对当事人的权利和义务产生影响。

总之，合同在法律上具有双方法律行为、一致的意思表示以及发生民事法律关系的特征。这些特征是合同形成、具备有效性以及对当事人权利义务产生法律影响的重要基础。

（二）合同的分类、类型与内容

1. 合同的分类

合同是在法律上具有约束力的协议。它规范了各方在特定交易或行为中的权利和义务。根据不同的标准，合同可分为多种类型，而每种类型的合同都有其独特的特征和适用范围。

（1）依据合同当事人双方是否互负义务，合同可分为单务合同与双务合同。在单务合同中，只有一方当事人承担了明确的义务，而另一方并未承担相应的义务。而在双务合同中，双方当事人都互相承担了明确的义务。这是合同中较为常见的形式。

（2）根据当事人之间有无对应的给付为标准，合同可分为有偿合同与无偿合同。有偿合同是指合同双方为了获取相应的利益而进行的交易，其中至少一方向对方提供了一定的对价。而无偿合同则是指合同双方并未就相应的对价进行交换，通常是基于友好或慈善等目的而达成的协议。

（3）根据合同成立是否需要具备某种形式来区分，合同可分为要式合同与不要式合同。要式合同是指在合同成立时必须符合一定的形式要求，如书面形式、公证等。而不要式合同则是指在合同成立时并不要求符合特定的形式，可以通过口头约定或其他方式成立合同。

（4）根据法律是否规定其名称，合同可分为有名合同与无名合同。有名合同是指法律或习惯已经规定了其特定名称的合同，如买卖合同、租赁合同等。而无名合同则是指没有被法律或习惯命名的合同，但其效力与有名合同相同。

对合同进行分类有助于理清合同关系，明确各方的权利和义务，从而为合同的有效执行提供了基础。

2. 合同的类型

（1）转移财产权利的合同，包括买卖合同，供用电、水热气合同，赠与合同，借款合同，租赁合同，融资租赁合同。

（2）完成一定任务的合同，包括承揽合同、建设工程合同。

（3）提供劳务的合同，包括运输合同、保管合同、仓储合同、委托合同、行纪合同、居间合同。

（4）技术合同，包括技术开发合同、技术转让合同、技术咨询合同和技术服务合同。

3. 合同的内容

根据《中华人民共和国合同法》的规定，合同中应当包括一系列重要的条款，以确保合同的有效性和双方权益的保障。合同的内容是由当事人根据实际交易需要和双方的协商内容确定的，而法律一般情况下并不强制合同的具体内容，以免导致普遍违法的情况发生。然而，为了方便当事人，法律将一些被实践证明有效的合同条款归纳为一般条款，并作为合同的指导性内容列入法律，以提示当事人在签订合同时需要考虑的范围。

具体而言，合同的内容通常包括以下八条重要条款。

（1）当事人的名称或者姓名和住所。合同应当明确标明参与交易的各方当事人的名称、姓名或者住所，以便确定合同的主体。

（2）标的。合同需要明确描述交易的标的物或服务，确保双方对于交易内容的理解一致。

（3）数量。如果合同涉及商品或服务的数量，必须在合同中明确规定数量，以避免未来可能出现的争议。

（4）质量。对于涉及产品或服务质量的合同，必须清晰规定产品或服务的质量标准，以确保交易达到双方期望的质量水平。

（5）价款或者报酬。合同必须明确约定交易的价款或者报酬金额，以及支付方式和时间，以保证双方对于交易的经济条件达成一致。

（6）履行期限、地点和方式。合同应当规定各项义务的履行期限、地点和方式，以确保双方按照约定时间和方式履行合同义务。

（7）违约责任。合同中通常包含违约责任的条款，明确规定在合同履行过程中一方未能履行合同义务时的责任和后果。

（8）解决争议的方法。为了应对可能出现的纠纷，合同中通常包括解决争议的方法，如仲裁、诉讼等，以确保双方在争议解决时有明确的程序可循。

这些条款的明确规定有助于确保合同的有效性、保障的双方权益，并在交易过程中起到指导作用。当事人在签订合同时应当认真考虑并明确规定这些条款，以避免未来可能出现的纠纷和争议。

（三）合同的订立、变更、转让和解除

1. 合同的订立

合同的订立分为要约、承诺两个阶段。要约是希望和他人订立合同的意思表示。发出邀约的人称要约人，接受要约的人称相对人或受要约人。要约与要约邀请不同，要约具有法律效力，要约邀请没有法律效力。要约意思的表示方法有：书面、口头、数据、电文等。承诺是指受要约人同意要约的意思表示。除在法律特别规定的情况下，承诺只能以明示的方法作出，沉默或不作为其本身并不能构成承诺。受要约人对要约表示承诺，合同即告成立。对于实践合同，除合同双方意思表示一致外，尚须授受标的物，合同始告成立；要式合同，则要履行法定或约定程序，合同始得成立。

2. 合同的变更

合同的变更是指在合同成立后、尚未履行或尚未完全履行之前，基于当事人的意思或法律的直接规定，对合同内容进行调整或修改的行为。在广义上，合同的变更不仅包括合同内容的调整，还包括合同主体的变更，即合同债权和债务的转移。然而，在一般情况下，合同的变更主要指的是合同内容的变更。这种变更并不涉及合同当事人的更替，而是仅仅针对合同关系的内容所作的调整。

合同的变更通常是在合同签订后，由于各种原因而需要对合同内容进行调整。这些原因可能包括双方当事人的协商、市场条件的变化、法律法规的修改等。在进行合同的变更时，必须遵循一定的程序和原则，以确保合同变更的合法性和有效性。

合同的变更必须是基于当事人的意思或法律的明文规定。这意味着合同的变更必须是双方当事人自愿达成的，不能违背其意愿。此外，法律也可能对特定类型的合同的变更进行了规定，如在某些情况下可能需要经过特定程序或获得特定的批准。

合同的变更应当尽可能明确具体，以避免产生歧义或争议。合同的变更应当明确指明被修改的条款或内容，并对修改后的内容进行详细描述，以确保双方对变更的内容有清晰的理解。

合同的变更应当符合合同的原始意图和约定，并且不应当违反法律法规的规定。合同的变更是为了调整合同内容以适应实际情况的变化，而不应当改变合同的基本性质或违反法律的规定。

3. 合同的转让

合同的转让是指合同当事人将合同中的权利和义务转移给第三方的行为，其中包括合同债权和合同债务的转让。在合同转让中，债权的转让和债务的转让具有不同的规则和程序。

（1）债权的转让遵循着自由让与的原则。这意味着当债权人希望将自己在合同中所拥有的权利转让给他人时，债权人无需取得债务人的同意，只需要通知债务人即可，转让行为即刻生效并产生法律效力。这个原则的目的在于保障债权人的权利，使其能够自由地处置自己的债权，并使债务人对新债权人承担相应的履行责任。

（2）债务的转让则需要经过债权人的同意。在合同中，债务人的身份具有重要意义，因为债权人依靠债务人来履行合同中的义务，所以当债务人希望将自己在合同中所承担的义务转让给他人时，必须经过债权人的同意。债权人的同意是债务转让能否生效的关键，因为债权人有权选择与之合作的对象，并有权要求对方承担原债务人相同的责任。

在进行合同转让时，需要注意三点。首先，转让方应当按照合同规定或者法律的要求通知债务人或债权人，并确保通知的有效性。其次，转让方应当保证转让行为的合法性和有效性，避免违反合同约定或违反法律规定。最后，接受转让的一方应当清楚了解转让的内容和责任，并在必要时与其他当事人进行沟通和协商，以确保合同的顺利履行。

4. 合同的解除

合同的解除是指一种法律行为，其目的是消除有效合同的法律效力。合同的解除可以分为单方解除和双方解除两种形式。单方解除是指当事人一方根据法律规定或合同约定行使解除权，从而使合同效力归于消灭。而双方解除则是指合同双方一致同意消除原有合同的法律效力的行为。

在单方解除中，解除权由一方当事人行使，根据法律规定或合同约定，该当事人可以行使解除权使合同失效。单方解除的基础在于解除权的行使者对合同存在法定或合同约定的特定情况的认知，并根据其意愿表达解除合同的意图。在这种情况下，合同的效力的消除完全取决于解除权行使者的意愿，因而解除权被认为是形成权的一种。

与单方解除相反，双方解除是由合同双方共同达成的决定，以消除原有合同的法律效力。双方解除要求合同双方一致同意，通过双方共同的意思表示达成解除合同的协议。在双方解除中，解除合同是双方自愿的行为，且解除合同的效力消除不依赖于单方的意愿，而是由双方共同的意思表示导致的结果。

（四）合同法对格式合同的特别规定

格式合同是指当事人一方为了重复使用而预先拟定的，并在订立合同时未与对方协商的合同。格式合同是商业经营专业化的必然产物，在现实生活中的适用范围越来越广泛，如车票、保险、手机入网等其实都是格式合同。但是由于当事人在拟定合同条款时未与对方协商，等于是剥夺了对方当事人决定合同内容的权利，为了使格式合同的运用更加合理，使当事人双方的权利和义务平衡协调，国家在制定《合同法》时就设计了一套规则来规范格式合同的使用。

第一，要求采用格式合同订立方应当遵循公平原则，确定当事人之间的权利和义务。这实际上是对格式合同订立方的一种提醒，提醒他在拟订格式合同时应当注意的事项。

第二，强行规定决定格式条款的当事人必须履行两项义务：提示和说明的义务。这是指在订立合同时，格式合同的拟订方应当采用合理的方式提请对方当事人注意格式合同上的免责条款和限制责任的条款，因为这些免责条款和限制责任的条款往往包含着损害对方利益的内容，法律就强制规定提示义务和说明义务提请对方注意这些条款。

第三，直接规定某些条款无效。例如，以欺诈、胁迫的手段订立合同的；恶意串通，损害国家、集体或者第三人利益的；以合法形式掩盖非法目的的；违反社会公共利益的；违反法律、行政法规的强制性规定的；免除故意或者重大过失财产责任的；免除人身伤害责任的，这些格式合同或者有关条款无效。

第四，对格式条款的理解发生争议的，应当作出不利于提供格式条款的一方当事人的解释。格式条款与非格式条款不一致的，应当采用非格式条款。这一规定体现了保护弱者利益的原则。

（五）合同的责任

合同责任分为缔约过失责任和违约责任。

缔约过失责任是指在合同缔结过程中，缔约人一方因违背诚实信用原则而使另一方的信赖利益受到损害时，应承担的民事责任。缔约过失责任与违约责任不同，违约责任是以合同的有效成立为基础，在合同成立前，因过失而致相对人受损害时，不能依合同请求损害赔偿，而需依缔约过失责任请求赔偿。违约责任救济的是履行利益，缔约过失责任救济的是法律肯定的信赖利益。

违约责任，是当事人因违反合同义务应承担的民事责任。违约责任是以有效合同为前提，在合同未成立或成立后无效、被撤销的情况下，纵使当事人有过失，也只承担缔约过失责任，无违约责任可言；违约责任还是当事人不履行债务的责任，合同一经生效，当事人负有全面履行的义务，包括约定给付义务和依诚实信用原则应履行的附随义务；违约责任也是发生在合同相对人之间的责任，合同关系属于债权、债务关系，发生于特定人之间，违约责任作为不履行债务的责任，也只能在当事人之间存在。

违反合同免责的事由包括：①不可抗力。不可抗力是指不能预见、不能避免并不能克服的客观情况。②自己有过错。③当事人约定免责事由。

违约责任的方式有：①如果违约方有履行能力，受损害方可以请求人民法院或者仲裁机构强制违约方继续履行合同；②采取违约补救措施，如修理、更换、重做等方法实现合同权利；③赔偿损失，受害方可以要求违约方对自己的可得利益损失进行赔偿；④违约金，违约金有一般违约金和延迟履行违约金两种。一般违约金交付后不需要再履行合同，但延迟履行违约金支付后还要继续履行合同。

第三节　税法与保险法

一、税法

（一）税收与税法

税收是国家为维持其机构运转和实现其职能而实施的一项具有强制性和无偿性的财政活动。其核心在于政府专门机构向居民和非居民征收财物。作为国家财政收入的主要来源，税收不仅是国家财政的支柱，也是国家调节分配、调控经济的重要手段之一。

税收活动必须依据税法进行。税法是指调整国家税收关系的法律规范的总和，是税收活动的法定依据。它主要调整税收分配关系和税收征纳关系两个方面。

依据不同的标准，税收可以被划分为多个类别。

第一，根据征税对象的不同，可以将税收划分为流转税、所得税、财产税、行为税和资源税等不同类型。流转税是针对商品和服务的交易而征收的税，如增值税；所得税则是针对个人或企业获得的收入而征收的税；财产税是对个人或企业拥有的财产而征收的税；行为税则是根据特定行为或活动而征收的税，如烟酒税；资源税是对自然资源的开采或利用而征收的税。

第二，根据计税标准的不同，可以将税收分为从价税和从量税。从价税是根据商品或服务的价格来计税，如增值税；从量税是根据商品或服务的数量来计税，如燃油税。

（二）主要税种

1. 增值税

增值税，作为一种流转税，其核心在于对商品和劳务在流转过程中产生的增值额进行征税。增值，简单来说，就是纳税人在其日常生产经营和劳务活动中创造出的超过其投入成本的新增价值。这一新增价值具体表现为纳税人的商品销售额与其生产这些商品所投入的成本之间的差额。

在我国，增值税的征收范围相当广泛，涵盖了从生产到流通，再到劳务服务的各个环节。任何在中华人民共和国境内从事销售货物、提供加工、修理修配劳务以及进口货物的单位和个人，都被视为增值税的纳税义务人。这一规定确保了增值税的征收能够覆盖到经济活动的各个领域，从而有效地调节经济，促进社会公平。

增值税的税率设计也体现了其调节经济的作用。根据不同的商品和劳务，以及不同的纳税人类型，增值税的税率会有所不同。这种差异化的税率设计，既能够体现税收的公平性，又能够发挥税收对经济的调节作用。

2. 消费税

消费税，作为一种特定目的的税收，其征税对象主要是应税消费品的流转额。这里的消费品，既包括日常生活用品，也包括一些高档奢侈品。消费税的纳税人主要是指在我国境内生产、委托加工和进口应税消费品的单位和个人。

消费税税率的设定，既考虑了税收的公平性，也考虑了其对消费行为的引导作用。比例税率和定额税率是消费税税率的两种主要形式。比例税率是根据消费品的销售额或流转额按一定比例征收的税款。这种方式能够较为直接地反映消费品的价值，也便于计算和管理。而定额税率则是根据消费品的数量或重量等固定标准来征收的税款。这种方式对于一些特定商品或特定消费群体可能更为合适。

消费税的实施不仅能够增加国家的财政收入，还能够通过调节消费品的价格引导消费者的消费行为，促进资源的节约和环境的保护。同时，消费税还能够对一些高档奢侈品进行限制，减少社会资源的浪费，实现社会的公平和公正。

3. 营业税

营业税，作为针对工商营利单位和个人的一种税收，其征税对象主要涵盖商品销售收入额及提供劳务所取得的营业额。具体来说，当企业或个人在我国境内进行商品销售、提供应税劳务、转让无形资产或销售不动产等经济活动时，这些产生的收入便成为了营业税的征税基础。

对于营业税的纳税人来说，其范围相当广泛。任何在我国境内从事上述应税活动的单位和个人，无论其规模大小、经营性质如何，都需要依法缴纳营业税。这体现了营业税作为流转税的特点，确保了税收能够覆盖经济活动的各个环节。

营业税的税率的设定体现了其公平性和合理性。不同的经济活动类型、不同的纳税人身份，可能会适用不同的税率。这样的税率设定既能够保障国家的财政收入，又能够体现税收对经济的调节作用。

4. 个人所得税

个人所得税，作为我国税收体系中的重要组成部分，其纳税人主要包括居民和非居民两大类。

居民纳税人，通常指的是在中国境内拥有固定住所，或者虽然无固定住所但在境内居住时间满一年的个人。这些居民纳税人在中国境内的所得，无论是来自工资、稿酬、利息还是其他形式的收入，都需要依法缴纳个人所得税。

非居民纳税人，则是指在中国境内无固定住所，且居住时间不满一年的个人。这类纳税人在中国境内取得的所得，同样需要缴纳个人所得税，但具体的征税规定和税率可能与居民纳税人有所不同。

在税率设计上，个人所得税采用了超额累进税率和比例税率两种形式。超额累进税率意味着，随着纳税人收入的增加，其适用的税率也会逐渐提高，从而实现了税收的公平性。而比例税率则适用于某些特定类型的收入，如稿酬、利息等，这种税率形式更加简便易行。

总的来说，个人所得税作为我国税收体系中的重要组成部分，其征收范围广泛、税率设计合理，既能够保障国家的财政收入，又能够体现税收的公平性和调节作用。同时，随着经济的发展和社会的进步，个人所得税制度也在不断完善和优化，以适应新时代的发展需求。

（三）税收征收管理制度

税收征收管理制度是国家调整税收征收过程中涉及征收关系的法律规范的总称。在这一制度中，税务管理机关负责执行税收政策，确保税款按时、按法律规定缴纳，并对未遵守规定的纳税人采取相应的法律措施。税收征收管理制度的主要内容包括税务登记、纳税鉴定、纳税申报、税款征收以及法律责任等方面。

首先，税务登记是指纳税人在税务机关进行身份和税收信息登记的程序。登记是纳税人依法享受税收政策、履行纳税义务的前提。其次，纳税鉴定是税务机关对纳税人的纳税申报材料进行审查和核实的程序，以确保申报的真实性和合法性。再次，纳税申报是纳税人向税务机关主动提交纳税申报表的行为，包括纳税人按规定的时间和程序申报应纳税款的金额和种类。最后，税款征收是指税务机关根据法律规定，将纳税人应缴纳的税款收缴入国库的过程。税款征收的准确性和及时性对国家财政收入的稳定和经济发展的可持续性至关重要。

我国的税收管理体制划分了中央和地方两级税收管理权限，分别由国家税务总局和地方税务局负责。国家税务总局和地方税务局在各自辖区内负责执行税收政策，监督纳税人的纳税行为，并开展税收宣传和培训工作。

对于违反税法规定的纳税人，税收征收管理制度也规定了相应的法律责任。这些责任包括民事责任、刑事责任和行政责任。民事责任主要包括对未按时缴纳税款的纳税人加收滞纳金或罚款等经济处罚；刑事责任是对故意逃税或其他严重违法行为的纳税人进行刑事处罚；行政责任是对一些违反税收法规定但不构成犯罪行为的行为采取行政处罚措施，如责令改正、罚款等。

税收征收管理制度是确保税收有序征收的重要法律框架，通过税收征收管理制度的建立和完善，能够有效地保障国家财政收入的稳定性，进而促进经济的可持续发展。

二、保险法

（一）保险法的分类

保险法是调整保险关系的一切法律规范的总称。保险是指人们共同筹资，对因事先约定的事项所造成的经济损失和人身损害进行赔付的一种经济保障制度。"保险是一种商业行为、一种经济补偿制度、一种合同法律关系"①，人们参加保险并不是为了赢利，也不是确保不发生危险，而是为了在损失发生后获得经济补偿。

根据不同的标准，可对保险进行不同的分类。

1. 以保险标的的性质进行分类

以保险标的的性质为标准，可以将保险分为财产保险和人身保险。

（1）财产保险。财产保险是以各种财产及有关利益、责任和信用为保险标的的一种保险形式。其主要特点是针对财产及其相关利益进行保险保障。财产保险包括但不限于房屋、车辆、商业财产、货物、设备、贸易债务等。这类保险通常用于保护财产所有者免受不可预测的风险和损失的影响。例如，房屋保险可以保护房屋主人免受火灾、盗窃、自然灾害等造成的财产损失。

（2）人身保险。人身保险是以人的身体或寿命为保险标的的一种保险形式。其重点在于为个人提供保障，确保其及其家人在不可预测的事件中获得经济支持。人身保险通常包括人寿保险、意外伤害保险、健康保险等。人寿保险主要保障被保人在意外身故或达到一定年龄后获得一笔固定金额的保险金，以提供给其家人或受益人。意外伤害保险是为被

---

① 郭宏彬. 保险法论［M］. 北京：中国政法大学出版社，2019：15.

保人提供意外伤害或伤残造成的经济赔偿。健康保险是为被保人提供医疗费用、住院津贴等保障，以应对疾病或意外造成的医疗支出。

2. 以保险实施的方式进行分类

以保险实施的方式为标准，可以将保险分为自愿保险和强制保险。

（1）自愿保险。自愿保险是指当事人通过自己的意思表示而建立保险关系的一种保险形式。在自愿保险中，保险的购买是基于投保人的自愿选择和意愿，保险合同的签订是基于自愿协商达成的结果。投保人可以根据自身需求和风险情况，自主选择购买保险产品，并根据保险公司提供的条件和条款签订保险合同。自愿保险的典型例子包括家庭财产保险、车辆保险、旅行保险等，投保人根据自身需求和风险情况自主选择购买保险产品来保障自己的利益。

（2）强制保险。强制保险又称为法定保险，是指投保人与保险人以有关法律及法规为依据而建立保险关系的一种保险形式。在强制保险中，保险的购买是基于法律或政府的强制规定，投保人无法选择是否购买保险，而是被迫根据法律规定购买保险。强制保险通常涉及公共利益或社会责任，旨在保障社会公共利益和个人权益。典型的强制保险包括汽车第三者责任保险、雇主责任保险、医疗保险等。这些保险的购买通常是依据法律规定，为确保相关方的合法权益得到保障，减少潜在的风险和损失而发生的行为。

3. 以保险保障的范围进行分类

以保险保障的范围为标准，可以将保险分为财产保险、责任保险、信用保证保险以及人身保险。

（1）财产保险。财产保险是以财产及其相关利益为保险标的的一种保险形式。这类保险主要保护投保人的财产免受损失或损害，包括但不限于房屋、车辆、商业财产、货物等。财产保险的目的是在发生不可预见的风险的情况下为投保人提供经济补偿或损失赔偿。

（2）责任保险。责任保险是以被保险人的民事损害赔偿责任为保险标的的一种保险形式。这种保险主要涉及因投保人的行为或活动导致他人受到损害，需要承担赔偿责任的情况。责任保险包括但不限于雇主责任保险、产品责任保险、公共责任保险等。

（3）信用保证保险。信用保证保险是以信用担保关系为保险标的的一种保险形式。这类保险包括信用保险和保证保险，旨在为投保人提供信用担保或保证，确保其能够履行合同义务或偿还债务。信用保证保险在商业和金融领域有着广泛的应用。

（4）人身保险。人身保险是以个人的身体或寿命为保险标的的一种保险形式。这种保险主要涉及个人的生命和健康保障，包括人寿保险、意外伤害保险、健康保险等。人身保险的目的是为投保人及其家人提供经济保障，以应对意外伤害、疾病或身故等风险。

4. 根据承担责任的次序进行分类

根据承担责任的次序，保险可分为原保险和再保险。这两种形式在保险行业中扮演着不同的角色，具有各自的特点和功能。

（1）原保险。原保险指的是保险公司直接向投保人提供保险保障的过程。在原保险中，保险公司与投保人之间建立直接的保险合同，投保人支付保险费用，保险公司承担相应的风险，并在保险合同约定的范围内向投保人提供保险保障。原保险是一种直接的保险关系，投保人直接与保险公司签订保险合同，并获得相应的保险保障的保险。原保险的特点是保险公司直接承担保险责任，并向投保人提供保险服务和理赔服务。

（2）再保险。再保险是指保险公司将部分风险转移给其他保险公司的过程，以分散风险和提高自身承受能力。在再保险中，保险公司与其他保险公司之间建立再保险合同，以转移部分风险给再保险公司，并支付相应的再保险费用。再保险通常发生在原保险公司面临大额赔付或风险集中的情况下，通过再保险可以分散风险，降低损失的可能性。再保险的主要目的是保险公司自身风险管理和资本保障，确保其在面临重大风险时仍能够维持稳健的财务状况。

（二）保险关系

保险关系，是指在参与保险活动的主体之间形成的权利义务关系。

保险关系的范围因保险立法体系的不同而不同。从我国的保险立法来看，保险关系应当包括平等主体之间订立保险合同而形成的权利义务关系及国家在对保险业的监管过程中与被监管的对象之间形成的监管与被监管关系，即保险关系是由横向的平等关系和纵向的监管关系组成，而不只是单一的平等关系。

保险平等关系可分为以下方面：

1. 保险活动当事人之间的关系

保险活动中涉及的各方之间形成了一系列复杂而重要的关系。这些关系是通过保险合同而建立的，保险合同清晰地规定了各方的权利和义务。

（1）保险人作为保险业的经营者，与投保人之间形成了一种特殊的关系。投保人向保险人提出保险要求，而保险人则在评估风险后决定是否接受承保。通过这个过程，双方建立了一种合同关系，其中明确定义了保险人承担的责任以及投保人需要遵守的条款和条件。

（2）如果投保人为第三方的利益而购买保险，则被保险人或受益人也与保险人之间形成了一定的权利和义务关系。尽管被保险人或受益人并未直接与保险人签订合同，但由于投保人的行为直接影响了他们的利益，因此他们也享有一定的权利，并需要履行与此相关的义务。

保险合同关系被视为保险关系中最基本的组成部分。它为各方提供了一种明确的框架，以管理他们之间的权利和责任。这种关系的清晰性和稳定性对于保险活动的有效运作至关重要，因为它确保了各方之间的互动和合作在法律和商业原则的指导下进行。因此，保险合同关系不仅是一种合同关系，更是保险业务运作的基石，为保障各方的合法权益和确保保险市场的稳定发展起到至关重要的作用。

2. 保险活动当事人与保险中介人的关系

保险活动中，保险活动当事人（包括保险人、投保人、被保险人、受益人）与保险中介人（如保险代理人、保险经纪人、保险公估人）之间的关系是保险行业运作中不可或缺的重要组成部分。这种关系在保险市场中扮演着促进信息流动、提高服务质量、保障客户利益的关键角色。

（1）保险人与保险中介人之间的关系是建立在代理或委托关系基础之上的。保险中介人代表保险人向客户提供保险产品和服务，负责销售、推广、解释保险产品，以及处理保单的签发和理赔等事宜。在这种关系中，保险中介人承担了一定的责任，包括了解客户的需求、提供专业建议、保证产品的适当性和合规性等。而保险人则负责支持和指导保险中介人的工作，并向其提供必要的培训和技术支持。

（2）投保人与保险中介人之间的关系是密切相连的。保险中介人作为投保人的代表或代理人，负责协助投保人选择适当的保险产品、提供相关的保险咨询和建议，以及处理投保人的投诉和索赔等事宜。在这种关系中，保险中介人必须遵守法律法规，诚实守信地履行代理职责，保护投保人的合法权益。

总的来说，保险活动当事人与保险中介人之间的关系是建立在互信、合作和相互依赖的基础上的。保险中介人通过提供专业的服务和建议，帮助保险人与投保人之间建立起良好的沟通与合作关系，促进了保险市场的健康发展和客户利益的最大化。因此，保险活动当事人与保险中介人之间的关系对于保险行业的稳定运作和可持续发展具有重要意义。

3. 保险组织之间的关系

任何性质的保险组织，不论其规模大小、实力强弱，在法律面前均处于平等的地位。各保险组织在经营业务过程中，基于平等的法律地位可以形成协作关系或联合关系，也可以形成竞争关系。市场经济下，所有参与市场经营的主体都不允许有以大欺小或以强凌弱的现象存在。

保险监管关系就是指保险监管部门对在本国从事保险业务经营活动的保险人及从事保险中介业务活动的保险中介人实施监督管理过程中形成的监管与被监管的关系。保险监管关系属于经济关系，是由不同物质利益实体参加并相互联结的物质利益关系，而不是行政关系或行政管理关系。从本质上看，它与保险平等关系的物质利益性是一致的，所不同的是，保险监管关系的各物质利益实体之间的分布和联结有其层次性和一定的重合性；而保险平等关系中各参加者之间的物质利益关系却体现着相互的平等性和独立性。

保险监管关系所表现的是代表整体利益和长远利益的保险监管部门（国家机关）与代表集体利益、局部利益或个人利益的保险组织之间的关系，主要是理顺国家与企业之间的物质利益关系及其在法律上所表现出的责权关系。保险监管部门与保险组织均是权利主体，也是义务主体，依法享有权利，也依法承担义务。

（三）保险法的内容

保险法的内容包括保险合同法、保险业法、保险特别法。

1. 保险合同法

保险合同法作为保险法的核心内容，着重规定了保险合同当事人之间的权利和义务，旨在确保保险合同的公平、合法、有效执行。保险合同作为保险业务的基础，其法律地位和约束力不可忽视。

保险合同法主要围绕着保险合同的订立、履行、变更、解除等方面进行了详细规定。首先，在保险合同的订立过程中，保险法规定了当事人应当遵循的必要程序和原则，以保障交易双方的合法权益。其次，在保险合同的履行过程中，保险法规定了双方应当遵守的义务和责任，明确了保险公司应当履行的理赔责任以及被保险人应当支付的保险费用等相关事宜。此外，保险合同法还规定了保险合同可能发生的变更、解除等情形，为保险合同的稳定和有序执行提供了法律保障。

在实践中，保险合同法的适用不仅涉及保险公司与被保险人之间的权利义务关系，还包括了第三方受益人的权益保护以及保险纠纷的解决等方面。因此，保险合同法作为保险法的核心内容，不仅对保险业务的发展起重要的推动作用，也为保险市场的规范运作和保险合同的有效执行提供了法律依据和保障。在保险市场的产品日益复杂和多元的情况下，进一步完善和强化保险合同法的相关规定，既是保障保险市场健康稳定发展的重要举措，又是保护消费者合法权益的必然要求。

2. 保险业法

保险业法是国家对保险业进行管理和监督的法律框架。保险业的重要性不仅体现在其对一般民众利益的影响上，而且直接关系国民经济的正常有序发展。保险业作为一种特殊的金融服务行业，其运作需要依赖广泛的人员协作和保险机构之间的合作。因此，对保险事业进行严格的监督和管理，通过法律保障和促进保险公司与投保人（包括被保险人）之间的真诚合作，规范保险市场的公平竞争，推动保险业健康有序发展，是各国保险业立法的首要任务。此外，确保保险公司始终具备足够的偿付能力，以防止其破产，也是各国保险法的根本目标之一。

当前，各国的保险业立法主要包括以下三个方面。

（1）保险公司的组织形式和设立。这一部分规定了保险公司的类型、组织形式以及设立的条件和程序。例如，法律规定了保险公司可以是股份制、合作制或互助制，并规定了相关的注册和批准程序。

（2）保险公司的经营规范和监督管理。这方面的内容主要包括保险公司的经营行为准则、财务管理规范、风险控制措施等。同时，法律还规定了监督管理机构的职责和权力，以确保保险公司的合规运营和稳健发展。

（3）保险公司的解散、破产和清算。这一部分规定了保险公司解散、破产或清算的条件、程序和责任。法律规定了保险公司破产时的清算顺序、资产分配原则以及保险金的优先支付等相关内容，以保障被保险人的权益。

3. 保险特别法

保险特别法是一项专门规范特定险种保险关系的法律。其主要目的在于确立对特定领域的保险活动的法律规范，从而保障各方的权益、规范市场秩序、促进经济发展。这种法律的制定通常涉及对特定行业或领域的专业知识和实践经验的深入了解，以确保其具备足够的专业性和可操作性。

举例而言，许多国家的海商法中包含了针对海上保险的规定，属于保险特别法的范畴之一。海上保险作为一种独特的保险形式，涉及海上运输、船舶财产、海上风险等一系列特定于海洋领域的问题。因此，海商法中的海上保险条款通常会涉及海上货物损失、船舶损坏、海难事故责任等方面的规定，以确保海上保险活动能够在法律框架下合法、有序地进行。

保险特别法的制定和实施不仅需要考虑特定行业或领域的实际情况和需求，还需要充分考虑国家整体的法律体系和保险市场的发展状况。因此，在制定保险特别法时，通常需要对该领域的利益相关者进行广泛的听证和征求意见，以确保法律的制定能够兼顾各方利益、符合市场需求、具备可操作性。

（四）保险合同的内容

保险合同是投保人与保险人约定保险权利义务关系的协议。投保人是指与保险人订立保险合同，并按照保险合同负有支付保险费义务的人；保险人是指与投保人订立保险合同，并承担赔偿或者给付保险金责任的保险公司。

订立保险合同，保险人应当向投保人说明保险合同的条款内容，并可以就保险标的或者被保险人的有关情况提出询问，投保人应当如实告知。人寿保险以外的其他保险的被保险人或者收益人，对保险人请求赔偿或者给付保险金的权利，自其知道保险事故发生之日起 2 年内不行使而消灭；人寿保险的被保险人或者收益人对保险人请求给付保险金的权利，自其知道保险事故发生之日起 5 年不行使而消灭。

保险合同的范围一般包括财产保险合同、人身保险合同和海上保险合同。财产保险合同是以财产及其有关利益为保险标的的保险合同。人身保险合同是以人的寿命和身体为保险标的的保险合同。除父母为其未成年子女投保的人身保险外，投保人不得为无民事行为能力人投保以死亡为给付保险金条件的人身保险。

第三章　行政法的内容及组成要素

第一节　行政法的形式与原则

一、行政法的基本存在形式

"行政法是一个历史现象，行政法典制定既要以一定的历史积淀为基础，又要有新的超越。"①

行政法的存在形式，即行政法的具体表现形式，是指行政法规范的存在形式或行政法规范的载体，又被称为行政法的法源。不同国家行政法的存在形式不同，我国采用成文法形式。因此，行政法的存在形式主要是指行政法的成文法形式。

（一）行政法的成文法存在形式

成文法形式又被称为行政法的正式法律渊源，主要包括宪法、法律、行政法规、地方性法规、行政规章等。

1. 宪法

宪法是国家的根本大法，其中涉及行政的规定是行政法的基本原则与根本规范。例如，《中华人民共和国宪法》（以下简称《宪法》）规定的民主集中制、依法治国、法治国家等都是行政法的基本原则。此外，《宪

---

① 关保英. 行政法典制定中中国行政法优良基因的存续 [J]. 法学，2023 (11)：42.

法》有关国务院的条文及有关地方各级人民政府的条文更是直接规定了有关各级政府的组织规范。

2. 法律

法律是指由作为国家最高权力机关的全国人民代表大会及其常务委员会制定的规范性法律文件，在效力上是仅次于宪法的法律规范。其中，全国人民代表大会制定的是基本法律，如《中华人民共和国国务院组织法》《中华人民共和国行政诉讼法》《中华人民共和国行政处罚法》等；全国人民代表大会常务委员会制定的是基本法律以外的法律，如《中华人民共和国行政许可法》《中华人民共和国公务员法》《中华人民共和国行政监察法》等。除了这些整部法律在整体上具有行政法的性质外，还有一些法律的部分条文也属于行政法律规范。此外，还有一些法律的个别条文同样属于行政法律规范。例如，《中华人民共和国物权法》在总体上属于民法，但也规定了不动产登记机构的职责，属于行政机关组织法的范畴。可见这种个别性规范也是行政法的存在形式。

3. 行政法规

行政法规是指作为国家最高行政机关的国务院为领导和管理国家各项行政工作，根据宪法和法律制定的有关政治、经济、教育、科技、文化、外事等各类法规的总称。根据《宪法》的规定，制定行政法规是国务院的一项专有职权，是国务院为了实现对全国经济、社会、文化等各方面的有效管理的一种手段。因此，绝大部分行政法规在整体上均具有行政法性质。国务院制定的行政法规主要包括尚未由全国人大及其常委会制定行政法律的规范与根据行政管理的需要自主制定的管理性的规范两种类型。此外，由于国务院制定行政法规的程序与法律相比制定程序更为简单、迅速，因此针对紧急事态及对策尚未成熟的情况，往往由国务院先制定行政法规。

4. 地方性法规、自治条例和单行条例

地方性法规、自治条例和单行条例是地方人民代表大会或其常务委员会制定的法律规范。地方性法规是指由省、自治区、直辖市以及省、自治区的人民政府所在地的市、经国务院批准的较大的市的人民代表大会及其常务委员会根据本行政区域的具体情况和实际需要，在不同宪法、法律、行政法规相抵触的前提下制定的规范性法律文件的总称。地方性法规在内容上涉及政治、社会、经济、文化等各个方面，其中有关行政管理的部分属于行政法律规范。

自治条例和单行条例是指由实行民族区域自治的自治区、自治州和自治县的人民代表大会依照《宪法》《中华人民共和国民族区域自治法》和其他法律规定的权限，结合当地的政治、经济和文化特点制定的规范性法律文件的总称。自治条例和单行条例规定了民族自治区域的特殊事项，其中涉及地方自治机关的组织及地方行政管理事务的部分属于行政法律规范。

5. 行政规章

行政规章包括部门规章和地方政府规章两大类。部门规章是指国务院各部、委员会、中国人民银行、审计署和具有行政管理职能的直属机构，可以根据法律和国务院的行政法规、决定、命令，在本部门的权限范围内，制定的规定、办法、实施细则等规范性文件的总称。除了国务院各部门单独制定的规章外，在涉及多部门管辖权的行政管理领域时，各相关部门也可以联合制定规章。地方政府规章是指由省、自治区、直辖市以及省、自治区、直辖市人民政府所在地的市和经国务院批准的较大的市的人民政府根据法律、行政法规、地方性法规，按照规定程序制定的普遍适用于本地区行政管理的规范性文件的总称。

（二）行政法的不成文法存在形式

不成文法渊源是指法律习惯、法律原理或原则、法院判例、行政先例等法的表现形式，与上述成文法相比，被称为非正式法律渊源。我国是实行成文法的国家。鉴于不成文法的抽象性、不明确性，我国历来对其抱有怀疑的态度。严格来说，在我国，不成文法并非行政法的存在形式。近年来，在我国法学发展、判例累积以及借鉴外国不成文法的经验的基础上，逐渐开始重视不成文法的作用，并将其作为行政执法与行政审判的依据之一。目前，我国的行政法的不成文法尚未成熟，但作为一种趋势，以下形式的不成文法必将得到进一步的发展。

1. 行政判例

判例是指法院对特定案件作出的判决且可以成为后续类似案件判决的先例。在该法院或下级法院以后遇到相同的案件时，按照该先例进行判决。判例法是由法院在审判具体案件过程中发现、总结出的法律规则，被称为"判例法"。其与法院对法律进行解释的司法解释不同。判例法强调"遵循先例"原则。我国虽然没有采用英美法系判例的先例拘束主义，但判例对于法院审理案件仍具有一定的参照意义。

2. 行政法律原则

行政法律原则是指在行政法律体系中作为法律规则的指导思想、基础或本源的综合的、稳定的法律原理和准则，是行政法律解释的基本原理，在欠缺行政法律规范时具有补充法律的作用。行政法原则包括两种类型：其一是指一般法律原则，如平等原则、比例原则、信赖保护原则、正当程序原则、行政责任原则等；其二是指从成文法中推导出的法律原则，如各行政法律规范所规定的法律目的、法律原则等。

3. 行政惯例

行政惯例是指在有关行政法领域的社会生活或行政运营上，持续多年的习惯得到了人们的法律确信，作为法律规范而被承认，又被称为"习惯法"。但惯例或习惯法都与习惯不同，惯例是生活在一定区域的人们长期形成的习惯，且已经得到人们的确信。

二、行政法的原则

所谓依法行政原则，又称为行政合法性原则，是指行政机关行使行政权力、管理公共事务必须有法律授权，并遵守法律规定的规则。一个国家行政事务是否理性，要视其行政行为达到依法行政的程度而定。依法行政原则是行政法上最重要的原则，现代法治国家的行政法学可以说是基于依法行政原则建立起来的。

（一）信赖保护的原则

当公民、法人或其他组织对行政机关及其管理活动已经产生信赖利益，并且这种信赖利益因其具有正当性而应当得到保护时，行政机关不得随意变动这种行为，如果变动则必须补偿相对方的信赖损失。这种行为就是行政信赖保护原则。

信赖保护原则中的信赖是一个相当复杂的概念，而保护的方式也是多种多样的。从主体来看，信赖是指公民、法人或其他组织对行政机关及其实施的管理活动的信任。从客体来看，信赖既可能是对行政机关及其工作人员可靠性和业务水平的信任，又可能是对法律制度和法律规范的稳定性、连续性的信任以及对具体行政行为的信任。信赖保护原则中的信赖通常是指后一种信赖，即一种合法信赖或正当合理的信赖。保护合法信赖的方式有以下几种：第一，是立法保护，即保证法律规范的明确性、稳定性与连续性；第二，是存续保护，即维持行政行为的效力，保护公民、法人或其他组织的既得利益；第三，是财产保护，即在变动现有法律状态的同时，给予公民、法人或其他组织财产赔偿。在我国，行政许可法首次肯定了行政许可领域的合法依赖利益保护原则，要求政府实施行政许可必须诚实信用。

由于行政行为的多样性，使得信赖保护原则在行政法上的适用表现也各有差异，主要可以见于以下三个方面。

1. 用诚实信用的方法作出行政行为

相互信任和忠诚是在行政机关之间关系上的表现，是行政机关树立公民对行政的信任、保护公民对行政的合法信赖的前提，因而是信赖保护原则的必要内容。具体而言有三个方面：首先，对一个行政机关依法作出并且生效的行政行为，其他行政机关应当承认其效力，接受其约束，除非法律有明确规定，否则不得作出与该行政行为冲突或不一致的行政行为；其次，一个行政机关作出行政行为可能会涉及其他行政机关的职权、职责时，应当及时告知其他行政机关；最后，在遵守管辖权的限制和其他法律规定的情况下，一个行政机关对其他行政机关提出的职务上的请求应当尽力协助。

2. 严禁具有溯及力的抽象行政行为

行政机关作出的抽象行政行为的效力不得适用于行为施行前已经终结的事实，这是法治国家中法的安定性的必然要求。安定性原则要求国家维护法律状态的稳定性和不可分割性，除非符合法律规定的条件，不得制定溯及既往的法律规范。行政主体的抽象行政行为不溯及既往也有其例外情形，如抽象行为的行为本身就无效、缺乏合法基础时，以及新的抽象行政行为是基于公共福利的需要时。

3. 具体的行政行为撤销必须受到限制

在以往机械的依法行政观念的支配下，行政主体可以任意撤销违法的行政行为和废止合法的行政行为，而不受任何约束。政府行为的朝令夕改、反复无常必然对人权构成极大的威胁，也与法的安定性原则背道而驰。以信赖保护原则为基础，对具体行政行为的撤销与废止设置一定的限制，成为必然的选择。具体如下：

（1）授益行政行为的撤销与废止。授益行政行为使行政相对人产生既得利益，倘若授益行政行为违法，行政机关可以裁量决定部分或者全部、向前或者向后撤销。但是，受益人对该行政行为的存续具有值得保护的利益时，行政机关不得撤销。在符合信赖保护要求的情况下，行政机关如撤销行政行为，势必损害相对人的信赖利益。授益行政行为废止通常并非由于行政行为具有违法性，而是客观状态发生变化或其他原因造成的。因此，废止的原因通常是法定的。

（2）负担行政行为的撤销与废止。负担行政行为是与授益行政行为相对的概念。它是为当事人设定义务或者剥夺其权益的负担性具体行政行为。信赖保护原则的出发点在于保护公民的信赖利益，因而只要存在信赖利益，并且该信赖利益符合信赖保护的构成要件，就应当援引信赖保护原则予以保护，而不论该行为，是授益行政行为还是负担行政行为。

（3）复效行政行为的撤销与废止。所谓复效行政行为，是指对一人授益而同时对另一个人产生负担效果的行政行为。将相对人的权益与第三人的权益进行比较，复效行政行为可被分为两种情形。第一种，对相对人为授益，对第三人为负担。依据德国的判例及通说，撤销与废止此种行政行为应按照前述授益行政行为来处理，即信赖保护原则发挥作用，限制对行政行为的撤销。第二种，对相对人为负担，对第三人为授益。

（二）合法行政的原则

合法行政原则是现代行政管理的一项基本要求，也是依法行政的最基本要求和最主要的内容。它是指行政机关实施行政管理，应当依照法律、法规、规章的规定进行；没有法律、法规、规章的规定，行政机关不得作出影响公民、法人和其他组织合法权益或者增加公民、法人和其他组织义务的决定。合法行政原则包括以下几项内容：

1. 行政组织与职权法定

行政组织和职权法定是指行政组织的设置、职能、权限以及编制等都要依法设定，其他任何机关或个人都无权规定。一方面，行政组织法定原则要求行政组织依法设定。行政机关的设置、规模、人员编制，以及中央与地方的关系等都是国家生活中的重大问题，理应由法律规定，而不应依附于某个领导人或个别行政机关的意志。世界上多数国家都实行行政组织法定原则。另一方面，职权法定意味着行政机关的职权源于法律的规定，凡法律没有授予的职权，行政机关不得自行享有和行使。行政机关实施影响公民、法人和其他组织合法权益的行为，必须取得法律的明确授权，没有法律的授权，行政机关不能限制或剥夺公民、法人和其他组织合法的权利，也不得为公民、法人和其他组织设定或增加义务。

2. 依法办事

依法办事是现代法治国家法治原则对行政主体实施行政行为的基本要求，行政机关行使行政权、实施管理活动，要依据法律、符合法律。这里的法律泛指行政法律规范，不仅包括国家权力机关制定的法律，而且包括行政法规、地方性法规和规章等。依法办事具体有三层含义：

（1）实质合法。行政主体实施行政行为必须依照法律的实体规定。

主要包括行政主体实施行政行为必须遵循法定的权限、条件，必须依据充分且确凿的证据。

（2）形式合法。行政主体实施行政行为必须符合法定程序。程序是指办事的过程，由方式、步骤、顺序和时限四个要素构成。行政主体实施任何行政行为，都离不开一定的程序。凡是法律对行政行为程序有规定的，行政主体要实施行政行为就必须按法定程序进行，否则就构成程序违法。

（3）行政主体对违法的行政行为应承担法律责任。违法的行为不仅应被确认为无效或予以撤销，而且给公民造成实际损失的还应依法给予赔偿。

坚持合法行政原则，有利于保护行政相对人的合法权益，有利于监督行政机关依法行使行政职权与履行职责，有利于推进行政法治、建设法治政府。

3. 法律保留

法律保留是指凡属于国家的重要事项，尤其是涉及宪法关于人民基本权利行使与限制的事项，必须由法律规定，行政机关不得规定。行政机关实施特定事项的行政行为必须有法律授权。

法律保留又分为绝对保留和相对保留。绝对保留是指某些事项必须由最高国家权力机关自己进行立法而不能委托行政机关立法。根据我国《中华人民共和国立法法》的规定，有关犯罪和刑罚、对公民政治权利的剥夺、限制人身自由的强制措施和处罚、司法制度等事项属于绝对保留事项，只能通过法律加以规定，不得授权行政机关立法。相对保留是指有些事项最高国家权力机关可以自己立法，也可以依法授权给行政机关立法。

（三）合理行政的原则

合理行政是现代行政法治的一个重要组成部分，也是现代行政法治的一项基本原则，同时也是对行政合法性原则的必要补充。它要求行政行为不仅要合法而且还要合理，违反合法性原则会导致违法行政，违反合理原则将导致不当行政。所谓合理行政原则，是指行政主体的行政行为要客观、公正、适度，要符合人类理性要求。

合理行政原则的产生，主要是基于现代社会条件下行政自由裁量权的存在。所谓行政自由裁量权，是指行政主体的自行决定权，即对行政行为的方式、范围、种类和幅度等的选择权。鉴于现代社会公共事务的广泛性、复杂性，国家立法机关不可能通过严密而完备的理想化法律，而只能承认行政主体具有一定程度的行为选择权，即自由裁量权。从实质看自由裁量权是行政权中最显著和最独特的部分。人们应当注意到，由于行政自由裁量权较少受到法律的约束，因此在现实中它有可能被滥用或出现具体行政行为显失公正的情形。无论是行政自由裁量权的被滥用还是行政裁量的显失公正，都是对行政法治的破坏，都是违法行政行为。因此，我们既应当承认并容许行政自由裁量权的存在，又应当注意并加强对行政自由裁量权的控制和救济。这是合理行政原则得以确立的基本依据。

（四）正当程序的原则

正当程序应遵守两条基本原则。第一，任何人不应成为自己案件的法官。根据这一原则，行政机关实施任何行政行为，参与行为的官员如果与该行为有利害关系，或被认为有成见或偏见，即应回避；否则，该行为无效。第二，任何人在受到惩罚或其他不利处分前，应为之提供公正的听证或其他听取其意见的机会。

我国的正当程序原则要求行政主体作出影响行政相对人权益的行政行为，必须遵循正当的程序，包括：行政机关实施行政管理，除涉及国家秘密和依法受保护的商业秘密、个人隐私之外，应当公开，注意听取公民、法人及其他组织的意见。要严格遵循法定程序，依法保障行政相对人、利害关系人的知情权、参与权和救济权。随着各国行政程序立法的发展，正当程序原则在世界许多国家得以确立和广泛适用。正当程序原则的内容包括以下几个方面：

1. 行政公开的原则

行政公开，现已成为各国行政法的一项基本原则。该项原则至少具备三项功能。一是减少或消除腐败。保证行政官员在透明环境中办事，可以最大限度地消除"暗箱操作"、防止滥用权力和腐败。二是保障知情权。通过行政公开，个人或者组织可以更多地了解掌握在政府手中的与自己生存、发展有关的信息。三是加强政府与个人或组织的合作。政府可以公开有关信息，以引导经济发展和社会选择，个人或组织可以借此调整自己的生产、经营以及其他行为模式。

2. 行政公正的原则

行政公正原则在学理上可分为实体公正和程序公正。所谓实体公正，就是行政组织作出的行政决定，在内容上必须做到客观公正。实体行政具体要求包括两个方面内容：第一，依法办事，不偏私。对于同等情况的人们，作出同等的行政处理。对于不同情况的人们，作出不同情况的行政处理。第二，合理考虑相关因素，不专断。要考虑应该考虑的问题，不能凭自己的主观认识推理、判断，任意地、武断地作出决定和实施行政行为。

所谓程序公正，就是指行政组织在作出行政决定时，必须遵循程序要求。当然，行政官员在作出行政决定的实体内容时要求其完全排除私情偏见、疏忽是不可能的，在有权机关事后对行政决定进行审查时，也很难有非常一致的标准或者有非常确凿的证据来衡量实体的公正性。因此，行政法在制度的设计上更多地强调程序上看得见的公正。

3. 民主参与的原则

民主参与原则是现代行政程序中的一项基本原则，是指行政权力的运行过程要有公民的有效参与，要为公民参与管理、参与决定自己的事情提供程序上的保障。民主参与原则还特别强调那些受行政权力运行结果影响的利害关系人应有权参与行政权力的运行过程，有权表达自己的意见，并对行政权力运行结果的形成发挥有效作用。

民主参与原则的政治基础是人民主权。国家权力来自人民，人民有权以各种形式参与国家管理。选举、罢免等制度是公民参与国家管理的传统方式。这种方式毕竟是一种间接民主制，是对民主妥协的结果。而通过设置合理的行政程序使得人民直接参与行政权的运作过程则是一种直接民主制，通过这样的方式使得人民的意志得以影响行政决策。

为了确保民众得以进行有效的民主参与，国家要求行政机关在行使职权过程中，除法律规定的程序外，应尽可能地为行政相对人提供参与行政活动的机会，从而确保行政相对人实现行政程序权利，同时促使行政活动更加符合社会公共利益。

民主参与原则强调的是公民参与行政权的运行过程，而非简单地出席或是到场，而参与过程实际上又是行政主体行使行政权与相对人参与行政决定形成的互动过程。这种互动过程使得双方互相影响，双方的意志得以沟通和交流。这种反复沟通和交流可以将行政意志融化为相对人意志，也可以将相对人意志吸收到行政意志中，从而使行政法关系真正具有双方性，使相对人真正成为行政法关系的主体。因此，民主参与原则的法律价值是使行政相对人在行政程序中成为具有独立人格的主体，而不是受行政权随意支配的客体。同时，由于各方参与到程序过程中，因此行政主体和相对人能够进行了某种程度上的沟通，从而有利于在程序过程中消除双方的矛盾和摩擦，从而使最终结果具有相对的可接受性和公正性。

4. 行政效率的原则

行政程序中的各种行为方式、步骤、时限、顺序的设置都必须有助于确保行政效率，并在不损害行政相对人合法权益的前提下适当提高行政效率，这就是行政效率原则。行政效率是行政权的生命，没有基本的行政效率，就不可能实现行政权维护社会所需要的基本秩序的功能。行政效率原则主要有三个要求：

（1）严格遵循行政程序和时限。在行政法的立法过程中，要重视并严格规定行政活动的程序和时限，以及行政机关违反程序、时限时应当承担的法律责任。如果行政机关在法定期限之内不行使行政职权，那么在法定期限届满后不得再行使，同时应承担相应的法律责任。

（2）行政机关机构精简。在符合法定条件的情况下，可以由一个行政机关集中行使行政权力，这样可以在很大程度上提高行政效率。

（3）重视行政决策、行政行为中的成本效益分析方法的运用。这种成本收益分析方法主要运用于行政立法领域。行政机关制定法规必须能够得到最大的经济效益。

（五）权责统一的原则

权责统一要求行政机关依法履行管理经济、社会和文化事务的职责，要由法律、法规赋予其相应的执法手段。行政机关违法或者不当行使职权，应当依法承担法律责任，实现权利和责任的统一。行政机关要依法做到执法有保障、有权必有责、用权受监督、违法受追究、侵权须赔偿。权责统一的基本内容包括：

1. 有责必有权的原则

法律、法规应赋予行政机关依法履行经济、社会和文化事务管理职责的相应的职权与执法手段，做到有责必有权。行政机关作为国家的执法机关，依法承担着管理经济、社会和文化事务的职责。这种职责是必须履行而不能放弃的。因此，为了使行政机关顺利履行这种职责，法律、法规必须赋予其相应的职权和执法手段。

2. 有权必有责的原则

行政机关违法或者不当行使职权，应当依法承担法律责任，做到有权必有责，实现权力和责任的统一。行政机关及其公务人员在行使职权或履行职责的过程中，因各种主客观方面的原因，也会出现违法或不当行使职权的情形。一旦行政机关及其公务人员违法或者不当行使职权，也应当承担相应的法律责任。这是实现依法行政的关键。

3. 有责必追究的原则

建立有效的追究法律责任的制度，做到有责必究。国家必须建立健全行政复议、行政诉讼、国家赔偿、行政监察和公务员惩戒等法律责任追究制度，通过这些制度的正常有效运作，使行政机关及其公务人员对其违法和不当行为应承担的法律责任落到实处，从而形成有权必有责、用权受监督、违法受追究、侵权须赔偿的行政法治状态。

总之，依法行政原则、信赖保护原则、合法行政原则、合理行政原则、正当程序原则、权责统一原则是紧密联系的，它们是行政法治总体目标在行政法领域的具体体现，都属于法的范畴，违反其中之一都要承担相应的法律责任。

（六）保障公民权利与自由的原则

法律是治国之重器，良法是善治之前提。"何谓良法，就是体现人民的意愿，捍卫人的权利和自由，维护公平正义的法律。"①

保障公民权利与自由原则，是指行政法规范及行政法律制度应以保障公民等一方合法权利与自由为出发点和归宿，确认并保证公民等一方合法权益得以实现。

保障公民权利与自由原则是法治国家中极为重要的一项原则，也是尊重和保障人权的宪法基本原则和现代宪政精神在行政法中的具体体现。人权又称公民权利，是每个人作为人应当享有的权利。

我国《宪法》明确规定：国家尊重和保障人权。这一条款表明国家权力对人权负责且具有不侵犯人权的义务，同时国家还必须保护公民的各项权利免受来自国家机关、其他公民、法人和其他组织的侵犯和破坏。我国确立了人权保障的宪法基本原则。作为一个法治政府，自然应该尊重和保障人权，切实维护行政相对人的合法权益，使之不受侵犯，更不能以自己的行为侵犯公民的人权，损害行政相对人的合法权益。

保障公民权利与自由原则是与尊重保障人权的宪法基本原则相衔接的，它是保障人权的宪法基本原则在行政法领域的表现，该原则强调保障公民等一方的基本自由与权利是行政法的主导方面，有关限制性、制裁性的规定只能是次要内容，禁止以行政权力随意侵害公民等一方的合法权益。

---

① 郭伟. 依法治国要更加充分地保障权利和维护自由 [J]. 理论与改革，2014（06）：10.

第二节　行政行为与行政程序

一、行政行为

（一）行政行为的基本特征

1. 单方性

行政行为是作为公权力行使的单方性行为，是由行政主体依据行政职权单方性作出的行为。因此，必须与行政合同相区别。行政合同是指以合同的形式进行的行政活动，与民事合同相同，行政合同也是以合同双方的合意为基础。因此，行政合同是一种双方性行为，虽然具有在法律上拘束相对人的效果，但是一般认为基于双方当事人的合意产生法律效力的行政合同不属于行政行为。

2. 外部性

传统行政法学理论以法律关系主体的隶属关系或者行政权力的作用范围为标准，将行政法律关系划分为内部行政法律关系与外部行政法律关系，对两者分别采取不同的合法性要求与救济方式。这源于传统的特别权力关系理论。行政机关对另一行政机关或行政机关隶属工作人员所作出的行为，如果没有直接变动外部组织或个人的权利、义务，仅属于内部关系的，则不是行政行为。

3. 权力性

在现实行政过程中，行政机关往往基于行政优越权的发动而作出行政行为，这体现了行政行为的权力性特征。权力性还包含有强制性的意思，作出一定的行政行为后，行政相对人必须服从。在行政活动中，行政机关有时可采用非权力性的方式进行行政活动。

4. 法律效果性

法律效果是指直接地变动或影响行政相对人的权利和义务的效果。

行政行为必须是具有法律效果的行为，不具有任何法律效果的单纯的事实行为，并非行政行为。

（二）行政行为的划分类型

1. 按照行政管理的规范

按照行政管理的规范，行政行为可以划分为内部行政行为与外部行政行为。两者的区分标准如下：

（1）行为的对象。内部行政行为针对内部组织或工作人员；外部行政行为针对外部的行政相对人。

（2）当事人之间的关系。双方当事人具有从属关系的是内部行政行为；双方当事人不具有从属关系的是外部行政行为。

（3）行为的依据。内部行政行为依据内部行政规范，适用内部法定的管理手段、方法和程序；外部行政行为依据外部行政管理规范，适用相应的法律、法规所规定的手段、方法和程序。

2. 按照行政行为的方式

按照行政行为的方式，行政行为可以分为以下类型：

（1）作为性行政行为。作为性行政行为是指行政主体以积极的、直接的对相对人发生作用的方式进行的活动，表现为作出一定的行为。

（2）不作为性行政行为。不作为性行政行为是指行政主体消极维持现有法律状态的行为，表现为不作出一定的行为。

对于相对人申请的拒绝行为，虽然结果对相对人而言与对许可申请不予答复的不作为相同，相对人都不能获得许可，但拒绝行为本身是作为性行政行为，这点与对于许可申请不予答复的不作为性行政行为是不同的。由于不作为无法撤销，因此不能对其提起撤销诉讼，但可以对其提起违法确认诉讼或义务诉讼。

3. 按照是否具有行政主体的意思

按照是否具有行政主体的意思表示要素为标准，行政行为可分为以下类型：

（1）法律行为性行政行为。以行政主体的意思表示作为构成要素，依据行政主体的意思表示要素而产生法律上的效果。

（2）准法律行为性行政行为。准法律行为性行政行为不具有意思表示的要素，只是单纯的意思通知、观念通知或感情表示的行为，不依据意思表示要素而产生法律上的效果。因此，不属于法律行为的范畴。

4．按照行政行为针对的对象是否特定

根据行政行为针对的对象是否特定，可以将行政行为分为抽象行政行为与具体行政行为。抽象行政行为是指行政主体对不特定对象发布的、能反复适用的行政规范性文件；而具体行政行为是指行政主体针对特定的行政相对人就特定的事项作出的行为。两者的区别在于以下方面：

（1）行政相对人的特定性。具体行政行为具有明确、特定的相对人，而且一般在作出行政行为时就确定行政相对人；抽象行政行为的相对人是不确定的，涉及的范围较大，而且范围有可能扩大或缩小。

（2）适用的次数。具体行政行为针对的是特定人和特定事项，一般仅具有一次性的效力；抽象行政行为针对的是某一类的事项，可以反复适用。

（3）表现形式。抽象行政行为通常表现为具有普遍约束力的行政规范性文件；而具体行政行为通常则表现为作出行政决定书或者由行政主体直接作出行政行为等方式。

5．按照法律对行政行为规定的详细程度

按照法律对行政行为规定的详细程度，行政行为可分为以下类型：

（1）羁束行政行为。羁束行政行为是指法律明确规定了行政行为的范围、条件、形式、程度、方法等，行政主体没有自由选择余地，只能严格依照法律规定作出的行政行为。

（2）裁量行政行为。裁量行政行为是指法律没有明确规定行政行为的范围、条件、形式、程度、方法等，由行政主体根据实际情况自行裁量作出的行政行为。从违法的法律后果来看，行政主体违反了羁束性规定就构成了行政违法，相对人可以提起行政诉讼以进行权利救济；行政主体违反裁量性规定即构成行政不当，除滥用职权或显失公正外，司法权不得介入。

6. 按照行政相对人是否参与决定行政行为

按照行政相对人是否参与决定行政行为为标准，可以将行政行为分为以下类型：

（1）单方行政行为。单方行政行为是指由行政主体单方面决定，而无须相对人同意即可作出的行政行为。

（2）双方行政行为。双方行政行为是指必须经行政主体和相对人双方协商一致才能成立的行政行为。

7. 按照以行政主体是否可以主动作出行政行为

按照以行政主体是否可以主动作出行政行为为标准，行政行为可以分为以下类型：

（1）依职权行政行为。依职权行政行为是指行政主体依据法律赋予的行政职权，根据自己的判断而主动作出的行政行为。

（2）依申请行政行为。依申请行政行为是指行政主体根据相对人的申请而依法作出的行政行为，如果没有相对人的申请，行政主体就不得主动作出行政行为。在依申请行政行为中，行政相对人申请的提出是行政主体作出行政行为的前提。在相对人提出申请后，是否作出行政行为由行政主体决定，因而即使是依申请行政行为也具有单方性的特征。依申请行政行为对于相对人来说，一般都是受益性行为，在对依申请行政行为提起行政诉讼时，相对人必须对已经提出申请的事实进行举证。

8. 其他分类

行政行为还可以按其他标准进行分类。例如，按照是否必须由法律对行为形式作出规定为标准，可以分为要式行政行为与非要式行政行为；按照是否存在附款为标准，可以分为附款行政行为与无附款行政行为；按照是否需要其他行为作为补充为标准，可以分为独立行政行为与需补充行政行为；按照内容对行政相对人是否有利为标准，可以分为受益行政行为与负担行政行为等。

（三）行政行为的成立要件

行政行为的成立是行政行为在法律上的起点。行政行为的成立是指行政主体行使行政职权的意思表示已经确定并对外向相对人表示的形态，即作出行政行为的状态。行政行为的成立是行政行为存在的逻辑起点，也是行政行为生效的前提。行政行为的成立包含的要件如下：

1. 行政行为的意思要件

行政主体行使行政职权的意思已经确定，行政行为的内容已经形成，这是行政行为成立的基础。在作出行政行为之前，行为主体必须具有凭借国家行政权力产生、变更或消灭某种行政法律关系的意图，并基于这种意图确定为了追求这一效果的意思，这是行政行为成立的主观要件。行政主体意思的确定必须依据法定程序进行。

2. 行政行为的表示要件

行政主体作出的行为能够直接或间接导致行政法律关系的产生、变更和消灭。因此，这种行为必须通过一定形式向相对人表示，即向相对人宣示该行政行为的作出。

3. 行政行为的主体要件

行政行为的主体要件即行政主体，要求作出行政行为的主体必须是享有法定的行政职权的行政机关或法律、法规授权的组织。

4. 行政行为的行为要件

在确定行政主体的意思之后，必须在客观上形成基于该意思表示而作出的特定行为，即以一定的外部行为方式表现出来的客观行为。这是行政行为成立的客观要件。

（四）行政行为的生效形式

行政行为的生效是指行政行为发生法律效力的过程，即行政行为被推定为合法有效，对行政主体和行政相对人都产生一定的法律效力。行政行为的生效表明行政行为产生了行政主体所预期的法律效果。行政行为的生效一般以相对人知晓行政行为的成立为前提。行政行为从成立到生效，一般存在以下四种形式。

1. 告知生效

告知生效是指行政行为在告诉相对人知晓后生效。告知是指行政主体将行政行为的内容采取公告或宣告等形式，使相对人知悉、了解行政行为内容的程序性行为。行政行为的告知形式可以多种多样，包括口头、信函、通知、通报、公报、布告等。告知的对象可以是特定相对人，也可以是不特定的多数人。

2. 附款生效

附款生效是指为了限制行政行为的生效而在意思表示的主要内容上附加一定的期限、条件或负担等，只有当所附期限到来、条件满足、负担履行时，行政行为才能产生相应法律效力的生效方式。

3. 即时生效

行政行为一经作出即产生效力，行政行为的成立与生效同时发生，即作出行政行为和行政行为开始产生效力的时间一致。由于即时生效的行政行为在作出的同时即生效，而不论相对人是否知晓，这不利于对相对人权利的保护。因此，即时生效的适用范围较窄，适用条件也较为严格，一般适用于紧急情况下作出的需要立即实施的行为。

4. 受领生效

受领是指行政行为告知相对人后，被相对人所接受、知悉和领会。受领生效是指行政行为须经相对人受领后方能生效。受领即接受、领会，但受领并不意味着必须得到行政相对人的同意，相对人同意与否并不影响行政行为的生效，受领生效的关键并非行政主体的告知行为，而是相对人已经知晓的结果。

（五）行政行为的变更主体与形式

行政行为的变更是指对已经实施的行政行为的内容进行部分改变的行为。行政行为的变更与行政行为的撤销或废止不同，变更仅仅是对行政行为的部分内容加以改变，而如果改变行政行为的全部内容，则意味着原行政行为的消灭及新的行政行为的产生。

1. 行政行为变更的主体

在法定变更的情形下，行政行为必须由有权机关进行变更。有权机关主要包括以下类型：

（1）行政机关变更。有权变更行政行为的行政机关如下：

第一，作出行政行为的原行政机关。行政行为作出后，作出行政行为的行政机关也负有服从该行为所确定的内容的义务，非经法定程序不得随意变更，在法定的例外情况之下，可以由原行政机关进行变更。

第二，作出行政行为的行政机关的上级行政机关。行政机关之间实行层级监督制度，上级行政机关对下级行政机关具有监督的权限，因此可以变更下级行政机关作出的行政行为。

第三，专门行政监督机关。行政监察机关、行政复议机关等专门性监督机关有权监督行政机关作出的行政行为的合法性和适当性，对于违法或不适当的行政行为可以进行变更。

（2）司法机关变更。虽然在行政诉讼中司法机关可以审查行政机关行为的合法性，但是也存在着一定的界限。司法机关应当尊重行政机关的首次判断权，司法机关仅仅可以在行政机关发生违法行为的情况下予以排除，但在行政机关作出首次判断之前，由司法机关代替其进行判断是对行政权的首次判断权的侵犯。基于该理论，原则上否认人民法院在行政诉讼中可以变更行政行为内容的权限。此外，行政行为的相对人或者第三人也可以向有权机关申请变更行政行为，但最终是否变更由有权机关决定。

2. 行政行为变更的形式

（1）违法行政行为的变更。行政行为作出之后，原行政机关或者其他有权机关发现该行政行为违法时，可以按照法定程序进行变更。但是在行政诉讼过程中，作出行政行为的原行政机关要改变行政行为时会受到一定的限制。

（2）合法行政行为的变更。对于合法的行政行为，有权机关可以依据法定程序进行变更。行政行为有下列情形之一的，可以由作出行政行为的行政机关或其他有权机关依法变更行政行为的内容。

第一，行政行为所依据的法律、法规、规章发生改变。根据依法行政原则的要求，行政行为必须依据法律、法规、规章的规定作出。法律会作出特别的规定，允许有权机关依法变更行政行为的内容，使行政行为的内容与现行有效的法律、法规、规章的规定相一致。

第二，行政行为所依据的客观情况发生重大变化。行政行为除了必须依法作出之外，还应当根据现实中的客观情况作出。

第三，行政行为的内容显失公正。行政行为虽然在形式上没有违反法律、法规、规章的明文规定，但是有时却与法律的目的和精神相违背，其内容显失公正。此时，有权机关可以依法变更行政行为的内容。

第四，其他法定情形。不论何种情形，行政行为一经作出就不得变更，只有在法律、法规、规章明确规定的法定情形之下才可以由有权机关依法变更。

（六）行政行为的消灭情形

行政行为自生效之时起，即具有持续的法律效力，直至其所确定的权利义务关系的事项或者相应法律事实的发生而消灭。但有时可能因为法定的特殊事由的出现，而终止行政行为的效力。从行政行为消灭的原因来看，行政行为的消灭可以分为以下三种情形。

1. 自然消灭

行政行为的自然消灭是指行政行为的法律效力的自然丧失，主要包括以下两种情形。

（1）内容已实现。内容已实现是行政行为消灭的最普通的形式。行政主体作出行政行为之后，相对人在规定的期限内依法切实履行或者被强制执行了行政行为确定的作为或不作为义务，行政行为的内容和目的已经充分实现，因而自然消灭。这是行政行为消灭的最普通的形式。

（2）所附期限届满或解除条件实现。有关行政行为在附款中规定了行政行为的有效期限，针对这种附期限的行政行为，法律也规定了延续有效期限的措施。在行政行为期限届满之前，如果获得了行政主体的延期认可，则行政行为继续有效。此外，在附款的行政行为中，还有一种附解除条件的行政行为。该行政行为在解除条件成就前，发生持续性的法律效力，而当所附加的解除条件成就后，法律效力就自然消灭。

2. 撤回

行政行为的撤回，又被称为废止，是指行政行为作出之后，行政主体根据事后情况的变化，面向未来解除成立时并无瑕疵的行政行为的行为。

（1）行政行为撤回的适用情形。在特殊情况下，法律有时允许行政主体撤回行政行为。虽然已经实施的行政行为在原则上不允许撤回，但是在特殊情况下，依据法律的规定，可以进行变更。特殊情况如下：

第一，行政行为所依据的法律、法规、规章发生改变。行政行为必须依据法律、法规、规章的规定作出，如果在行政行为依法作出之后，作为其所依据的法律、法规、规章被修改或者废止，行政行为就丧失了合法性的基础。此时，法律会作出特别的规定，允许有权机关依法撤回行政行为。

第二，行政行为所依据的客观情况发生重大变化。行政行为必须根据现实行政中的客观情况作出。随着时间的推移，行政行为所依据的客观情况可能发生重大变化，此时为了公共利益的需要，有权机关可以依法撤回行政行为。

第三，其他法定情形。在法律、法规、规章明确规定的其他法定情形之下，有权机关可以撤回行政行为。

（2）行政行为撤回的效果。撤回的效力是从自撤回之日起行政行为丧失法律效力。而行政行为在撤回之前的法律效力不受撤回行为的影响。行政行为被撤回之前相对人获得的利益不应当因为行政行为的撤回而收回，而相对人的合法利益如果因为行政行为的撤回而受损害的，行政主体应当对相对人进行必要的补偿。

3. 撤销、宣告无效

在行政行为违法或不适当的情况下，有权机关可以依照法定程序撤销行政行为或者宣告行政行为无效。这种行政行为的消灭方式与行政行为的自然消灭不同，需要有权机关进行撤销或宣告。存在瑕疵的行政行为通常可以区分为无效行政行为与可撤销行政行为。

（1）无效行政行为。无效行政行为是指作出之时因欠缺法定实质要件而自始全然不发生法律效力的行政行为。欠缺法定实质要件是指完全不具备法律所规定的实质要件。"无效行政行为是行政违法理论发展的一种必然结果。"①

行政行为一旦被认定为无效，其后果是不存在任何法律效力。因此，相对人不仅可以拒绝履行该行政行为所设定的义务，而且可以不受时间限制地要求有权机关宣告其无效，而有权机关也可以不受起诉期限等限制，认定并宣告该行政行为无效。

（2）可撤销行政行为。可撤销行政行为是指在主体、内容、形式、程序等要件方面存在着瑕疵，可以由有权机关依法予以撤销的行政行为。对于主要证据不足、适用法律法规错误、违反法定程序、超越职权、滥用职权的行政行为，人民法院可以判决撤销或者部分撤销行政行为。

可撤销行政行为必须自其被有权机关明确撤销之日起才完全丧失效力，在行政行为作出之日起至被撤销之日为止的这段时间内，其效力仍然存在。因此，相对人在行政行为被有权机关正式撤销之前，负有服从的义务，而且要求有权机关撤销该行政行为会受到时间方面的限制，而有权机关的撤销同样受到期限的限制。

无效行政行为与可撤销行政行为都是违法的行政行为，但从违法程度上来看，无效行政行为的违法程度高于可撤销行政行为。区分无效行政行为与可撤销行政行为的理论意义在于确定公定力的适用范围，而实践意义在于划分诉讼程序的不同，对于确定该行为的救济手段具有重要的意义。

---

① 胡建淼."无效行政行为"制度的追溯与认定标准的完善［J］. 中国法学，2022（04）：135.

二、行政程序

行政程序是指行政主体按照一定的步骤、方式、时限和顺序行使行政职权进行行政活动的过程。现代行政法不仅要求作出结果的行政行为必须合法，而且要求作为过程的行政程序也必须合法且正当。

（一）行政程序的价值

现代行政法学中越来越重视行政程序的价值，认为其在保障行政相对人合法权益、监督行政活动的合法性以及提高行政效率等方面都具有重要意义。

1. 明确相对人的地位

在行政程序中，相对人参与等程序的设置体现了对相对人权益的尊重。在行政法律关系中，行政主体凭借其行政职权占据主导地位。行政程序的价值在于对行政主体行使行政职权的过程进行一定的限制，并通过相对人的参与平衡行政主体与相对人在行政法律关系中的权利义务关系，确保相对人在行政法律关系中具有与行政主体相对等的地位，体现了形式上的正义。

2. 提升行政活动的效率

行政程序的设置可以对行政活动的步骤、方式、时效、顺序等进行合理的规定，在保障相对人权益的前提下，使行政主体以紧凑的步骤、合理的顺序、适合的方式、一定的时限进行行政活动，从而提高行政活动的效率。

3. 监督行政活动的合法性

行政主体必须依法进行行政活动，所依据的法律不仅是实体行政法，而且包括程序行政法。程序合法是行政行为的合法性要素之一，通过对行政活动程序的设置，可以进一步对行政活动进行法律规制。行政过程中听证、陈述等相对人程序性权利的行使，有利于行政主体查明事实真相，作出正确的行政行为。行政复议、行政诉讼等事后程序又为监督行政活动的合法性提供了途径。行政程序的设置对于控制行政主体的违法、监督行政活动的合法性具有重要意义。

4. 保障行政相对人的合法权益

行政程序的设定规范了行政主体进行行政活动的过程，避免行政主体的恣意而侵害相对人的权益，从而更好地保障相对人的听证权、陈述权、申诉权等程序性权利的行使。在行政主体违法侵害相对人权益后，行政复议、行政诉讼等程序又为相对人提供了事后进行救济的途径。

（二）行政程序的类型

1. 按照层次的不同

按照层次的不同，可以将行政程序分为以下两个类型。

（1）宏观行政程序。宏观行政程序是指由微观行政程序法所构成的一系列行政活动的程序。

（2）微观行政程序。微观行政程序是指行政机关在实施具体的行政行为时所应当遵循的方式、步骤、时限和顺序，如行政机关在作出行政处罚时必须经过听证或听取意见等程序。

一系列行政活动紧紧围绕着同一行政目的的实现而连续地展开，为实现同一行政目的连续进行的各行政活动之间的过程共同构成了宏观行政程序。

2. 按照行政活动形式

按照行政活动形式的不同，在行政行为定型化的基础上，可以将行政程序划分为行政立法程序、行政计划程序、行政许可程序、行政处罚程序、行政强制程序、行政裁决程序、行政指导程序、行政合同程序等。由于各种行政活动的程序各不相同，因此这种分类具有一定的实际意义。

3. 按照行政行为决定的作出时点

按照行政行为决定的作出时点为分界线，可以将行政程序分为以下两个类型。

（1）事前行政程序。事前行政程序是指作出行政行为决定并加以实施的过程。例如，罚款决定的作出及收缴的程序，在事前行政程序中，行政主体占据主导地位，运用行政职权进行行政活动。

（2）事后行政程序。事后行政程序是指在行政行为作出并实施后，对行政行为进行监督或救济的程序。例如，相对人对罚款决定不服提起行政诉讼的程序。在事后行政程序中，行政主体处于被动地位，且被有权机关与相对人审查行政活动的合法性。

4. 按照行政程序所涉及的对象和范围

按照行政程序所涉及的对象和范围为标准，可以将行政程序分为以下两个类型。

（1）内部行政程序。内部行政程序是指行政主体对内部事务进行管理或运作时进行活动的程序。例如，上级行政机关对下级行政机关进行检查监督的程序。

（2）外部行政程序。外部行政程序是指行政主体行使行政职权对相对人作出行政行为的程序。例如，行政机关针对相对人的申请作出许可决定的程序。

内部行政程序对相对人的权利义务并无直接影响，而外部行政程序则涉及相对人的权利义务。因此，从法律规制的角度来看，对外部行政程序的法定化要求更高。

5. 按照法定行政程序与裁量行政程序

按照行政程序是否存在法律的明确规定为标准，可以将行政程序分为以下两个类型。

（1）法定行政程序。法定行政程序是指法律对行政主体进行行政活动的步骤、方式、时限、顺序等作出明确规定的程序。因此，行政主体进行行政活动时必须遵守法定程序，否则即违法。

（2）裁量行政程序。裁量行政程序是指法律对于行政主体进行行政活动的程序并没有作出明确规定，而要求行政主体根据行政活动的具体情况进行裁量的程序。

第三节 行政赔偿与行政奖励

一、行政赔偿

"行政赔偿作为国家赔偿的重要组成部分，在保障公民合法权益、促进行政机关依法行政等方面发挥着重要作用。"①

（一）行政赔偿的构成要件

1. 行政赔偿的主体要件

主体要件是指国家承担赔偿责任必须具备的主体条件，主体要件是指侵权行为主体。国家赔偿法上的侵权行为主体有两类：①国家行政机关以及法律、法规授权的组织；②国家行政机关工作人员及受行政机关委托的工作人员。

2. 行政赔偿的行为要件

行为要件是指国家对侵权主体实施的何种行为承担赔偿责任。主要包含以下内容：

（1）侵权主体实施的行为是执行职务的行为。判断某一行为是否属于执行职务行为的具体标准如下：

第一，职权标准。职权标准是判断某一行为是否属于执行职务行为的根本标准，即执行职务的行为应是国家机关和国家机关工作人员根据法律赋予的职责权限实施的行为，而无论该行为是否合法。

第二，时空标准。国家机关或国家机关工作人员执行职务的行为应在一定的时间、空间内作出，超出时空范围的行为通常就不是执行职务的行为。

第三，名义标准。通常情况下，执行职务行为是以国家机关及其工

---

① 田时雨. 行政赔偿因果关系问题研究［D］. 重庆：西南政法大学，2021：3.

作人员的身份和名义实施的。

第四，目的标准。执行职务的行为应以维护公共利益为目的，而非追求工作人员个人利益。

（2）执行职务的行为违法。违法的具体情形包括：①国家侵权主体的行为违反法律、法规、规章和其他具有普遍约束力的规范性文件；②国家侵权主体的行为虽然没有违反上述文件的明确规定，但是违反了法的基本原则和精神；③国家侵权主体没有履行对特定人的义务，或违反了对特定人的义务；④国家侵权主体在行使自由裁量权时，滥用职权或没有尽到合理注意的义务。

3. 行政赔偿的损害结果要件

损害结果要件是指国家机关和国家机关工作人员的违法行为已经现实地侵害了相对人的合法权益。

（1）损害的特征。损害的特征主要包括：①损害具有现实性和确定性，而非虚构的、主观臆造的；②损害针对的是合法权益，违法的利益不受法律保护；③损害是特定的，即为一个或少数受害人特有，且损害超过合理的负担。

（2）损害的范围。国家承担赔偿责任的损害范围仅限于侵犯人身权或财产权引起的直接财产损失。

（二）行政赔偿的基本特征

行政赔偿，也叫国家行政赔偿，是指国家对行政机关及其工作人员违法行使职权给公民、法人和其他组织合法权益造成的损害给予赔偿的活动。行政赔偿的基本特征如下：

第一，赔偿主体特定。行政赔偿的主体是国家，即由国家承担法律责任，并最终支付赔偿费用，一般由具体的国家机关承担赔偿义务。

第二，赔偿范围特定。这是一种有限赔偿责任。国家赔偿法规定了国家赔偿的范围，也明确了国家不承担赔偿责任的各种情形。

第三，赔偿方式和标准特定。行政赔偿的主要方式是支付赔偿金，辅助方式是返还财产、恢复原状。赔偿标准因侵犯的对象和程度的不同而不同，且赔偿数额有最高限制。

第四，赔偿程序多元。行政赔偿的显著特点是赔偿程序多元化，不仅行政赔偿和刑事赔偿适用不同的程序，而且同样是行政赔偿，受害人可直接向赔偿义务机关提出，也可在行政复议、行政诉讼中一并提出，还可以单独提出。

二、行政奖励

（一）行政奖励的范围与形式

1. 行政奖励的范围界定

行政奖励是国家行政机关为了鼓励先进、鞭策落后，激励人们奋发向上，积极为国家和人民作贡献而对于严格遵纪守法、认真完成国家计划的任务，在一定领域内为国家和人民作出了重要贡献的先进单位和先进个人所给予的精神鼓励和物质鼓励。

行政奖励是行政主体为了实现公共利益或者特定的行政管理目标，通过给予物质性或者精神性的利益，鼓励和刺激公民、法人和其他组织做或者不做某种行为的一种依职权行政行为。行政奖励有以下法律要素：

（1）行政奖励的主体是行政管理或者行政执法主体，包括各级人民政府及其职能部门，以及法定授权组织。

（2）行政奖励的对象是作为行政相对人的公民、法人和其他组织。

（3）行政奖励的目的是更好地实现公共利益、公民权利保护等行政管理目标。

（4）行政奖励的方式是授予对象一定的物质利益和精神利益，如奖金、奖品、荣誉称号等，还包括其他权益，如减免所承担的义务、减免税费、享受优待等。

2. 行政奖励的基本形式

（1）科技进步奖励。科技进步奖励是我国实施最早、持续时间也最长的一项行政奖励制度。目前，国家层面的科技奖励的形式主要包括：①国家最高科学技术进步奖，由国家主席签署并颁发证书和奖金，奖金额为 100 万元人民币；②国家自然科学奖、国家技术发明奖和国家科学技术进步奖，由国务院颁发证书和奖金，一等奖奖金为 20 万元；③国际科学技术合作奖，由国务院颁发证书。

（2）悬赏奖励。悬赏奖励，又被称为举报奖励，是对公民举报违法甚至犯罪行为和犯罪人员所给予的一种物质奖励。悬赏可以分为民事意义上的悬赏和行政意义上的悬赏。行政悬赏是一种民事行为，提出悬赏条件实际上是一种民法上的要约行为，受奖人接受要约是一种承诺。行政悬赏属于行政奖励的一种，是一种为实现行政目的而实施的一种激励机制。

（3）经济发展贡献奖励。经济发展贡献奖励是指有一个时期各地纷纷出台的对招商引资有贡献的单位和个人给予的金钱和物质奖励。招商引资奖励制度是一种政府行为，应当按照依法行政的要求来实施，而我国目前对包括招商引资在内的经济发展贡献奖励的设定等基本问题没有统一的规定。这本身就不符合依法行政的基本要求，最起码应当以规章的形式加以规范。虽然其主要的奖励对象是政府机关和事业单位工作人员，但是不能适用内部规范，因为涉及公共财政的支出，所以需要纳入法制的范畴。具体需要注意以下事项：

第一，在国家没有统一立法的前提下，各地政府规章在规制该类行为时，应当明确奖励的实施主体、实施条件、奖励方式与标准、奖励程序等。

第二，行政奖励资金来自公共财政，物质奖励也是源于对公共利益的再分配。因为是将公共资金用于特定相对人的奖励，可能会涉及分配不公的问题，所以需要综合平衡各方利益，避免顾此失彼。

第三，在市场经济条件下，市场机制应当是资源配置的主体，行政奖励作为一种行政手段应避免过多地介入市场领域。依此理念，地方政府应逐步退出招商引资活动组织和项目投资合作主导者的角色，专注于做好区域投资环境营造者和市场秩序监管者的角色。

第四，建立经济发展奖励的救济制度。行政相对人如果对行政奖励决定存在异议或者国家行政机关未按照承诺兑现奖励的，可以通过行政复议和行政诉讼予以救济。不能因为没有法律依据而违背承诺，这在实际生活中是个突出的问题，其实质是政府违背了信赖保护原则，应当通过行政救济程序来维护当事人的正当权益。

（二）行政奖励的特定原则与特征

1. 行政奖励的特定原则

（1）先公开原则。公开原则是依法行政应普遍遵循的基本原则，但对于行政奖励来说，还具有特别的内涵。因为行政奖励是一种依申请行为，需要引导和激励公民积极参与，所以将行政奖励的内容和要求，通过公众方便接受的方式和途径事先公开，是实施这一制度的基本前提。

（2）奖与功相称原则。与错罚相当的行政处罚原则正好相反，行政奖励自然要遵循奖与功相称的原则。这并不容易，因为行政奖励并不是行政主体与行政相对人之间的对价或等价交换关系，功很难用金钱来直接衡量，所以要通过精神奖励等来弥补。

（3）正当程序原则。行政奖励应当遵循同等情况同等对待的原则，做到无特权、不歧视。因为行政奖励相对于其他行政行为来说，行政主体拥有更大的自由裁量权。现实存在的突出问题之一是行政自由裁量权过大。在立法中，行政奖励的标准经常是成绩突出、重大贡献等不确定法律概念，在客观上给行政奖励带来了较大的自由裁量权，加之缺乏程序有效控制，造成不公正的结果，从而影响行政奖励制度的公信力。基于行政奖励的领域广泛、形式多样，标准各异，很难制定一部行政奖励法来实现实体标准上的统一规范，因而需要通过基本的正当程序来实现奖励的公平正义。其中，公开透明的事先公示，独立、专业的评审机构的专业论证，听证会的兼听则明，异议处理的必要程序，法律救济的保障等，都是正当程序的应有之义。

2. 行政奖励的法律特征

行政奖励是一种顺应民主政治和市场经济的新型行政模式，也是一种符合现代行政管理发展方向的行政行为方式。与强制性、制裁性的行政行为相比，行政奖励将国家管理目标寓于积极的诱导、鼓励中去实现，其消极作用可明显少于某些带强制性、制裁性的行政行为。行政奖励的法律特征如下：

（1）特定性。它属于一种具体行政行为，是以特定的人和组织为对象，以特定事项为客体的。

（2）积极性。它是以鼓励公民、法人和其他组织积极履行社会义务和通过行使其权利促进公共利益实现为目的的，是鼓励社会成员积极向上的一种行政行为。

（3）单方性。行政奖励是行政主体根据自己单方面的意志、无需获得相对人的同意就可以作为的行为。虽然行政奖励属于申请行为，需要有当事人提出申请的程序，但是本质上并不是当事人的一种自然权利，申请只是启动行政奖励的一种方式，但不是唯一的方式。

（4）受益性。它的结果是给相对人带来一定的利益报酬，是对其对社会和他人作出贡献和付出的一种回报，是相对人应当获得的正当利益。

（5）非强制性。它是行政主体依职权作出的行为，但对相对人并不具有强制性。换言之，相对人有权拒绝接受奖励，行政主体不能因此对相对人作出不利处分。

（三）行政奖励的基本程序

1. 接受奖励申请

行政奖励是依申请行政行为，自然需要由当事人或者相关人提出申请或者请求。因此，需要按照规定，定期或者随时接受奖励申请，相关行政主管部门应当设置受理窗口，明确分管的机构，公开办事程序。奖励的申请一般采取两种方式：①行为当事人自己提出申请；②由知情人或者组织推荐，提出建议，或代为申请。

2. 公开奖励内容

行政奖励涉及公共财政的支出，因而最好设定为一项法定制度，明确在行政管理的哪些领域，可以实施行政奖励；行政奖励是一种依申请行政行为，需要广大公民的积极参与，因而应当事先广而告之，让全社会的人都知道其权利和义务。这些都决定了行政奖励的内容和程序，都要向社会公开。

对于一些常态化的奖励制度，可以通过立法或者规范性文件的形式予以公布；对于一些临时性的、特定事项的悬赏，如悬赏在逃的通缉犯等，可以通过发布通告的方式及时公布。

3. 认定事实

对行政奖励的事实认定是个核心环节。为此，设置专家评审制度，保持事实认定的公平性、客观性；设置回避制度，让利益相关人员不当自己案件的法官，是公正原则的基本要求；必要时设置听证程序，做到兼听则明，也是体现公正透明的必要程序。

4. 最终决定

在事实得到公正认定的基础上，行政机关依照职责作出最后的行政奖励决定。对提出申请未予奖励的，按照正当程序原则，对于不利处分应当说明理由。这种说明理由，原则上应当是一对一的特别告知。

第四节　行政立法与行政执法

一、行政立法

（一）行政立法的主体及原则

1. 行政立法的主体

（1）国务院根据宪法和国务院组织法的规定，国务院有权制定行政法规。依职权制定行政法规，其形式一般为"条例""规定""办法"等。行政法规是国务院为领导和管理国家的各项工作，根据宪法和法律的规定，依法定程序而制定的政治、经济、教育、科技、文化、外事等各类法规的总称。

（2）国务院各部门根据国务院组织法和立法法的规定，国务院各部、委员会、中国人民银行、审计署和具有行政管理职能的直属机构，可以根据法律和国务院的行政法规、决定、命令，在本部门的权限范围内，制定规章。部门规章规定的事项，应当属于执行法律或者国务院的行政法规、决定、命令的事项。

（3）省、自治区、直辖市人民政府和较大市的人民政府根据宪法、地方组织法、立法法的规定，省、自治区、直辖市人民政府和较大市的人民政府可以根据法律、行政法规和本省、自治区、直辖市的地方性法规，制定规章。其中，较大市是指省、自治区的人民政府所在地的市，经济特区所在地的市和经国务院批准的较大的市。

2. 行政立法的原则

（1）依法立法。行政立法必须依法进行。行政机关只有在宪法和组织法赋予行政立法权后，在其职权范围内进行行政事务性立法；必须根据法律、法规关于相应问题的规定立法；依据法律、法规规定的程序立法；行政机关行使紧急立法权，必须符合宪法设定的紧急状态条件。

（2）民主立法。行政机关以依照法律进行立法时，应采取各种方式听取各方意见，保证民众广泛参与行政立法，主要包括三种方式：①建立公开制度，行政立法草案应提前公布并附有立法目的、立法机关、立法时间等内容的说明，以便让人们有充分的时间发表对特定立法事项的意见；②建立咨询制度，设立专门的咨询机构和咨询程序，对特别重大的行政立法进行专门咨询；公民有权就立法所涉及的有关问题甚至立法行为本身请求立法机关予以说明和答复；③建立听证制度，将听取意见作为立法的必经环节和法定程序，并公布对立法意见的处理结果。

（3）加强管理与增进权益相结合。行政立法具有层次性。直接目的是加强或者改善某一行政领域内的行政事务的管理；最终目的是实现和增进公民的权益，保护人民的幸福。因此，行政立法要正确处理好维护行政权力和保障公民权益之间的关系。在为国家行政管理活动提供具体法律依据的同时，要注意规定的合理性、适当性，不能不当地限制甚至剥夺公民的合法权益。行政立法要在社会协调与发展、稳定与繁荣、社会公平与行政效率之间取得相对平衡。

（4）效率原则。行政机关在切实保障行政相对人基本人权和公平行政的基础上，尽可能地以最低成本制定出最高质量的行政法律规范。建立立法成本效益分析制度和时效制度。

（二）行政立法的基本特征

行政立法是泛指行政性质的立法，其内容是关于行政管理的行政法律规范，属于行政部门法。基于这种认识，凡是国家机关，包括国家权力机关和行政机关制定并发布行政法律规范的活动，或称制定行政法的活动为行政立法。其定义的核心基础，是关于行政管理方面的内容，以区别刑事立法和民事立法。就依法行政的实质来说，国家权力机关所制定的行政法律规范是国家行政机关从事行政管理活动的依据和准则。另一种见解是，行政立法指国家行政机关依法定权限和程序制定、颁布具有法律效力的规范性文件的活动，简言之为行政机关立法。

行政立法，从"立法"性质上看，立法是以国家名义制定、发布规范性文件，并具有与法律相同的效力；所立之法属于法的范畴，体现法的基本特征。就"行政"性质而言，立法者为行政机关；法所调整的对象主要是行政管理事务或与行政管理有关的事务；其适用的程序是行政程序；目的是执行权力机关制定的宪法和法律，实现行政管理职能。在近现代社会，行政机关所制定的规范性文件，其中部分也是行政机关进行行政管理活动的标准和规则。

1. 时间效力

行政立法行为较之具体行政行为具有更长的时间效力。行政立法行为的效力具有延续性和无溯及力，它对同一类型的人和事可以多次反复适用，且只有向后的效力；具体行政行为的效力通常是一次性的，一经履行或实现即告消灭，某些具体行政行为还可追究既往。

2. 程序规则

行政立法行为须遵循更为正规和严格的程序规则，而具体行政行为的程序相对较简单灵活。而且两种行为的形式要件不同。行政立法行为必须采取特殊规范性文件的形式公开发布；具体行政行为的形式要件，可以是公开发布的书面形式，或是一般的书面形式，也可以是口头形式。

3. 不可诉性

行政立法行为与具体行政行为的不同还表现在其不可诉性上。根据我国《中华人民共和国行政诉讼法》《中华人民共和国行政复议法》的规定，行政立法行为不能成为诉讼或诉愿的对象，即对行政法规、规章不能提起诉讼或申请复议；而对于涉及人身权、财产权方面的具体行政行为引起的行政争议，可以提起诉讼或申请复议。

（三）行政立法的公众参与价值

1. 公众参与是"人民主权"的体现

立法权是国家权力中最重要的一项权力，它在现实的政治生活中发挥着重要的作用。立法权是指享有权利来指导如何运用国家的力量以保障这个社会及其成员的权力。在一切场合，只要政府存在，立法权就是最高的权力，社会的任何成员或社会的任何部分所有的其他一切权力都是从它获得和隶属于它的。

"人民主权"的本质在于权力属于人民，民主政治的一条基本规律就是只有人民可以制定法律。在代议制民主下，公民的立法权由议会来行使。这种制度虽然有其必然的优越性，即在最大程度上提高立法效率，但是随着社会的发展，人民的需求日益多样化，通过选举产生的代表已不能更好地反映公众不同的利益需求。因此，这便要求必须建立能够促使公众直接参与的制度来弥补代议制的不足。行政立法作为立法的一个重要方面，在现代国家中的作用越来越大，其优劣也更能体现出国家的民主政治。行政立法公众参与，体现了"人民主权"的实质，使得法律的制定更具有民意的基础。

随着国家和社会的发展，政府部门之间的利益也越来越凸显，并且行政立法作为立法的一个方面，在国家政治生活中的重要性也与日俱增。我国作为社会主义民主国家，也一直倡导建立国家治理现代化体系，行政立法的公众参与是响应国家治理现代化的要求，能更好地将民众诉求纳入法治化的立法表达机制中来，从而确保"人民主权"。

2. 公众参与提高行政立法的正当性

为了实现民主，代议制是一个合理的路径，不过为了避免民主走向异化，就需要引入公众参与，借此弥补缺陷和漏洞。对议会立法中引入公众参与的模式予以模仿，并不是简单地"复制"或者照抄相关的程序，而是将公众参与引入行政程序中来，通过民主参与来保证行政程序的民主正当性。若公众参与使得议会立法更为完美，则公众参与对于行政立法所具备的正当性，它应当是核心机制。

（1）公众参与是行政立法赢得正当性的重要根源。之所以这样说，是基于以下三点原因。

第一，无论是法治社会的建立，还是宪政原则，都要求只要对公民权利义务会产生影响就要得到公民同意。公民有效地对自己的意愿予以表达的方式是参与，无论是社会事务的决策，还是国家事务的决策，公民参与是它们获得合法性的基石，因而一定要引入公众参与对行政立法本身缺乏民主性及正当性的现状予以弥补。

第二，从行政机关的运行机制来看，它是首长负责制，很明显这是有悖于民主立法的本质的，为此就必然让人怀疑行政立法会不会背离立法所应追求的民众利益最大这一目标与价值。此外，行政立法的制定过程是一个对各种相互竞争和冲突的利益进行平衡和协调的过程，如果没有畅通的信息渠道，行政机关或行政人员即使有公正的品质，也难以凭借主观愿望表达和决定各种复杂的利益诉求、公正地协调和平衡各种利益。为了真正地平衡诸多利益相关方的关系，公众充分和平等的参与就成为基本的前提，要想达成这一前提条件，就要从程序着手，让利害关系方均能积极地参与到程序中来，借助多方位的和直接的、及时的沟通渠道使所有利益相关方的意见均能获得充分的表达。借此，行政立法的公正性和民主性可以得到保证。

第三，和权力机关开展的立法行为比较可以发现，行政立法不但简便，而且及时、高效，因而一定要将自由裁量权授予行政机关。基于权利本位及人民主权的理念，对于扩张的权力，一定要有对应的制约和限制。站在宪政框架的基础上看，制约的力量主要来自公民权、立法权以及司法权三个方面，而公民权利的表达所借助的机制就是公众的积极参与。

（2）公众参与使行政立法更为有效。

第一，公众的积极参与能够使法律在广泛的范围内以更深的层次被理解。对于法律的执行来讲，理解是前提，换言之，单凭强制力让法律得到执行的难度很大，而理解后执行将会产生更高的实效性。无论法规在逻辑层面上的周密性是多么的高，专业设计得如何完美，若不能理解，便不能在实际社会中发挥应有的作用，最终也必然会被抛弃。在公众的积极参与下，法律高度专业化和群众相脱离的缺陷就可以得到有效弥补。

第二，公众参与有利于形成公众对法律的认同感，增强其可接受性。若立法本身就是在公众的积极参与下生成的，那么立法符合多数成员的利益需求，它就容易获得支持、获得认同，规范就可以得以内化。即便公众不能或者难以接受立法结果，也会因为立法的程序是公正的所以对立法具备较高的认同感。

执法者为了从公众中获得支持，故而推行在公众参与下确立的行政法规，同时其需要的推行成本会大幅下降。因此，从表面看，虽然让公众积极参与到行政立法的过程中使得立法成本被抬升，但是它使得公众感觉到自己的权利受到了充分的尊重，并且自己得到的对待是公正的。此外，公众参与行政立法还可以使公众更为懂法和守法，为规范内化到公众之中发挥更好的作用和实效。

第三，公众参与有助于强化参与人的义务感。因为自己参与其中，所以公众觉得自己应该服从由自己所做的决定，作为参加者就要分担责任，他们的义务感、服从感就会更强。

概括起来，行政立法过程中引入公众参与所产生的现实意义极为重大，借助对行政公开予以充分的强调，突出了行政立法中公众以合理、公开的形式表达自己的利益诉求，使得行政立法的存在获得了民主及合法的因子，使得行政立法获得了正当性的存在根基。

（3）公众参与提高行政立法质量。由于行政机关制定法规、规章的行为涉及范围广，有相当大的影响力，因此行政立法的质量对行政相对人的权益会产生非常重大的影响。公众广泛参与行政立法，可以增强行政立法内容的科学性，增加对政府的了解和信任，从而使得公众信服所制定出来的法规和规章，减小执法阻力。

行政立法的质量体现在许多方面，主要包括：①保证行政立法不能与宪法和法律相抵触，保障公民的权益而不是侵犯公民的权利；②体现在立法的科学性、可行性、合理性和可接受性上。行政立法的科学性、可行性不仅取决于立法者自身的知识水平，更取决于与立法信息传输机制的效率。因为行政管理涉及的领域非常广泛、行政关系处于变化的状态，所以行政立法机关对信息的收集要困难很多。

公众参与行政立法可以使各种利益群体能够充分地表达自己的意见，使行政立法机关可以广泛了解不同利益群体的观点，从而了解了行政立法所需的信息，有效弥补了行政机关掌握信息的不足，保证了立法的可行性和针对性。公众参与使行政立法的运作由"暗箱操作"转向公开化，强调立法过程中行政主体和公众的沟通，且行政机关迫于立法过程的公开性不得不考虑各种利益群体的意见，从而有助于防止行政权力的滥用，在一定程度上避免了立法部门利益化，从而提高行政立法的质量。另外，公众中各领域的专家参与行政立法，能够从专业的角度提供建议，从而提高行政立法的科学性。

二、行政执法

（一）行政执法的要求与构成

1. 行政执法的要求

坚持"严格、规范、公正、文明"执法，是对行政执法规律的一种准确把握，是法治政府标准中"执法严明"的具体内涵。"严格、规范、公正、文明"的执法要求体现了两个理念：①行政执法应该是"有刚有柔、刚柔相济"的，不能片面强调行政执法的公益性和强制性，而只注重刚的一面，会造成对公民、法人和其他组织权利的过度限制甚至侵害，也不能一味强调柔性执法而不守法律秩序的底线；②行政执法应该是一个"由刚到柔、先柔后刚"的过程。所谓由刚到柔，是指行政执法的首要目的是维护公共秩序和人民群众正当权益，因而从理念上来说，是以严格执法为起点，其顺序应当是"严格—规范—公正—文明"，即由刚到柔的排列；所谓先柔后刚，是指行政执法从方式上来说应当教育与惩罚相结合，即先教育后惩罚，也就是"先礼后兵"。

（1）严格执法。行政执法应该立足于依法惩处各类违法行为，加大关系群众切身利益的重点领域执法力度。行政执法的衡量标准是看行政主体是否做到了依法全面履行政府职能，是否做到了控权前提下的积极行政。

（2）规范执法。在严格执法的前提下，若要规范行政执法行为，完善行政执法程序，防止行政权力被滥用，可以建立行政执法全过程记录制度；明确具体操作流程；严格执行重大执法决定法制审核制度；建立健全行政裁量权基准制度，规范裁量范围、种类、幅度；全面落实行政执法责任制，严格确定不同部门及机构、岗位执法人员执法责任和责任追究机制等内容。这都是对行政执法的规范化要求。

（3）公正执法。行政执法中要体现公正，包括两个方面：公平和正义。这里的公平与平等同义，即坚持法律面前人人平等，做到相同情况相同处理，不讲特权、没有歧视、一视同仁。公平原则，虽然是依法行政的基本原则之一，但作为行政法和法律解释的依据，其适用受到一定的限制，即需要其他具体法律规定或其他法律原则已经适用穷尽，仍无法获得"合乎正义"的解决时，始能引用"公平"作为依据。

就方法论而言，公平原则应仅具有"补充"的效力，即它往往不是一开始就适用，而是最后才适用的原则。行政执法应当先以具体的法条为依据，当法条存在不确定、模糊、有漏洞、滞后等不"合乎正义"的情形时，才可以运用原理、原则作为行政执法的依据，而不能动辄运用原理优先定理来执法。正义则是对弱势群体的倾斜保护，即遵循法律规则面前人人平等的理念进行授益性行政执法，在给付行政、服务行政中，这种理念得到了最集中的体现。

（4）文明执法。文明执法需要做到：①措施得当，按照最小利益侵害原则行事，执法手段与要达到的目的成正比，慎用限制相对人人身自由和财产自由的强制性执法措施，不过度侵害相对人的权益；②方式得体，做到礼貌、稳重、理性；③公开透明，对相对人作出不利处分的都要事先告知、说明理由、听取陈述申辩；④"等距离执法"，对违法行为少的，减少对其的执法检查频率；对违法行为多的，增加对其的执法检查次数，从而形成让守法者感觉方便自由，而让违法者感到不方便、不自由的法治环境。

2.行政执法的构成

行政执法的构成主要包括：①主体要件；②执法内容要件；③执法程序要件。

（1）行政执法的主体。所谓行政执法主体，是指根据法律、法规和规章的规定，能以自己的名义对外作出具体行政执法行为，并能独立地承担，因此时产生的相应法律责任的行政组织。行政执法主体必须符合以下条件：

第一，行政组织依法设立。行政执法是一种组织行为，非个人行为。尽管该组织是由若干行政人员组成，但是这些行政人员不能以个人的名义享有任何行政权力。因此，只有行政组织才有可能被授予履行特定的行政管理事务，实现行政管理职能。其中，法律、法规赋予行政执法职责的行政组织，可以代表国家对外实施行政执法活动，而成为行政执法主体。

第二，依法具有行政执法职权。作为行政执法主体，行政执法既是其享有的一项权利，又是它必须履行的一项义务。因此，作为行政执法主体的行政组织，一方面有权利实施行政执法，另一方面又有义务实施行政执法。

第三，以自己的名义对外实施行政执法活动。这要求行政组织能够独立自主地表达自己的意志，并按照自己的意志从事特定的行政执法行为。

第四，独立承担法律后果。独立承担法律后果，既包括承担有利的法律后果，又包括承担不利的法律后果。这是行政执法主体按照自己的独立意志行使权利的必然要求。

（2）行政执法的内容。行政执法的内容，是指行政执法行为对行政相对人的权利、义务作出某种具体处理和决定。具体说，行政执法的内容主要有以下三种情形。

第一，赋予权益或科以义务。行政执法的内容经常表现为对行政相对人赋予一定的权益或科以一定的义务。

赋予一定的权益，具体表现为赋予行政相对人某种法律上的权能或权利，包括行政法上的权益，也包括民法上的权益。所谓权能，是指能够从事某种活动或行为的一种资格。所谓权利，是指能够从事某种活动或要求他人不为某种行为，或指基于某种权利所得到的利益。

科以一定的义务，是指行政主体通过行政决定令行政相对人为一定的行为或不为一定的行为。具体包括：单纯行为上的义务，如接受审计监督义务；财产义务，如纳税决定行为；人身义务，如拘留决定。

第二，剥夺权益或免除义务。剥夺权益是使行政相对人基于原有的法律拥有的权能或权利丧失的一种行政行为；免除义务是对行政相对人原来所负有的义务的解除，即不再要求其履行义务，如免除纳税人的纳税义务等。

第三，确认法律事实与法律地位。确认法律事实，是指行政执法主体依法认定对某种法律关系有重大影响的事实是否存在；确认法律地位，是指行政执法主体通过行政执法行为对某种法律关系是否存在及存在范围的认定。

（3）行政执法的程序。行政执法要求行政主体按实体法办事，即依照法定职权作出处理决记。行政执法合法还意味着行政主体必须遵循法定的行政程序规则，因为行政执法程序的每一个具体步骤，都渗透着现代民主、法治的精神，都在为行政机关及其行政执法人员的正确、恰当的执法把关。同时，行政执法程序还使行政相对人的合法权益、人格尊严得到更好、更高的保护，离开了行政程序，行政职权就难以合法运作，更难以达到预期的行政目的。因此，严格遵守行政执法程序，对实现行政执法民主化，确保依法行政，树立行政权威，建立法治政府有重要意义。

行政执法程序主要包括以下内容：

第一，表明身份程序。表明身份程序是指行政执法人员在行政执法时向行政相对人出示证件，以证明自己享有从事某种行政执法行为的合法资格。建立表明身份制度，有利于防止假冒、诈骗，还有利于防止行政执法人员超越职权、滥用职权，同时也是对行政相对人的尊重。表明身份程序一般应在行政执法之初由执法人员主动实施。

第二，告知程序。告知程序即行政主体在执法过程中，主动通过法定的途径和方式，将有关事项让行政相对人知晓的程序。告知可防止和避免行政主体违法、不当行政执法行为的发生，还有利于减少行政执法行为的障碍和阻力。告知有公告、面告和函告等形式。

第三，受理程序。受理程序是指行政主体对行政相对人提出的行政执法请求明确表示接受。受理意味着行政执法行为的开始。如果行政机关对行政相对人的某项请求不予受理，则应通知请求人，并说明不予受理的理由。

第四，听证程序。听证程序是指行政主体在行政执法时，充分听取行政相对人一方意见的程序。设立听证程序的目的是保护相对人的申辩权，维护相对人的基本权益，尊重相对人的人格尊严，保证行政执法的正确性，更好地实现行政目的。听证分为正式听证和非正式听证，前者具有比较严格的程序规则；后者比较随意，形式因人而异、因事而异，达到目的即可。

第五，调查程序。调查程序是指行政主体在作出行政执法决定前，为查明事实真相而进行查访并搜集证据的过程。行政执法必须建立在调查取证的基础上，要以客观证据来说明有关事实的真相，防止主观臆断。

第六，回避程序。回避程序是指行政执法人员与行政相对人或具体执法事务有利害关系的，不得参与有关行政执法活动的一种制度。回避制度是为了防止偏私、保障公正，而且不仅保障实体结果公正，更保障程序形式公正。行政相对人享有要求行政执法人员回避的权利，行政执法人员因法定理由也应自动申请回避。

第七，说明理由程序。说明理由程序即规定行政主体向有关行政相对人说明行政执法行为所依据的事实和法律规定及其理由的程序。说明理由是行政主体的一项义务，对行政相对人来说，要求行政主体说明理由，是相对人的一项权利，通过听取行政主体说明理由，相对人可以了解情况、发现问题，以便自己作出必要的陈述和申辩。说明理由程序不仅体现了对行政相对人权利和人格的尊重，也是现代行政执法文明，法治政府依法行政的必然要求。

第八，时效规则。时效规则就是行政主体实施行政执法行为的各个阶段乃至整个过程的时间限制规则。时效对行政执法关系产生、变更或者消灭有至关重要的作用。行政主体如果超过法定期限仍未作出行政行为，就构成不作为违法；行政相对人如果不在规定的期限内履行义务，则会引起行政强制执行。时效制度既是为了促进行政主体提高行政效率，又是为了防止行政主体以拖延时间的方式侵害行政相对人的合法权益。

（二）行政执法的原则与特征

1. 行政执法的原则

（1）合法行政原则。合法行政，要求行政机关实施行政管理，应当依照法律、法规、规章的规定进行；没有法律、法规、规章的规定，行政机关不得作出影响公民、法人和其他组织合法权益或增加公民、法人和其他组织义务的决定。合法行政原则也可概括为行政合法性原则，其基本内容是两条：①权力来源合法；②行政行为必须符合法律规定。

合法行政意味着遵循"职权法定主义"，其中行政机关的职权由法律直接设定；非行政机关需要行使行政职权的必须由法律或者法规授权；行政机关需要委托事业单位或者其他行政机关行使行政职权的，必须通过规章以上法律性文件予以明确。这样才能确保权力来源的合法性。

合法行政要求行政机关依法律规定履行职权，这里的"法律"是个广义的概念，包括法律、法规和规章，它们都属于立法行为。法律规定的既是职权又是职责，要做到不越位、不缺位、不错位。

合法行政还要求行政机关在履行职权时应当遵循"法律优先"和"法律保留"两项原则。法律优先原则是指行政应当受现行法律的约束，不得采取任何违反法律的措施。这一原则无限制和无条件地适用于一切行政领域。当法规、规章与法律不一致或相抵触时，应当以法律的规定为准则。法律保留原则是指行政机关只有在取得法律授权的情况下，才能实施相应的行为。这一原则是从议会民主原则和法治国家原则引申出来的。我国现行的法律制度里，有相当部分的权力是由法律保留的专属权力，如行政强制执行权、征收征用权等，在这些领域的执法行为都要有全国人大及其常委会制定的法律为依据。法律保留原则比法律优先原则更为严格。优先原则只是禁止违反现行法律，而保留原则是要求行政活动具有法律依据。在法律出现缺位时，优先原则并不禁止行政活动，而保留原则排除任何行政活动。

合法行政的核心是有效地控制权力。"控权"是现代法治的特征，也是行政法的理论基础。世界上对权力控制存在两种模式，即严格规则模式和正当程序模式。严格规则模式以大陆法系国家如德国为代表，注重通过制定详细的实体规则，实现对行政权力的实体性控制；正当程序模式以英美法系如英国为代表，注重通过行政程序的合理设计，实现对行政权力的程序性控制。简言之，德国的实体控权模式，是以立法权优位；英国的程序控权模式，是以司法权优位。

（2）合理行政原则。合理行政要求行政机关实施行政管理应当遵循公平、公正的原则。行使自由裁量权应当符合法律目的，排除不相关因素的干扰；所采取的措施和手段应当必要、适当；行政机关实施行政管理可以采用多种方式实现行政目的的，应当避免采用损害当事人权益的方式。

合理行政以合法行政为前提，换言之，不合法的行政行为就不存在合理性问题，或者说不用考虑合理性问题。只有在合法的基础上，行政行为才有研究是否合理、合情的必要。

合理行政要求行政执法遵循公平和正义的原则。公平是法治所具有的重要价值。公平总是与正义连在一起的，因为正义强调以一种正当的倾斜保护式的分配方式，达到一种理想的社会秩序。如果说公平注重的是平等保护的话，正义则更注重对个人特殊利益的倾斜保护。对平等地位的人平等对待，对地位不平等的人根据他们的不平等给予不平等待遇，这是正义。使一些政治和经济物质的拥有者在不同的程度上占有的多些，另一些人占有的少些，这也合乎正义。合理行政就是该同样对待的同样对待，该倾斜保护的倾斜保护。社会法的本质就是倾斜保护，体现社会正义。

合理行政也称行政适当性原则，行政适当性的一个重要内涵是行政自由裁量权的适当性，需要建立裁量基准制度，实现行政执法内容的标准化；要正确界定不确定的法律概念，使模糊的概念变得清晰和标准统一，可以准确适用；裁量要符合法律目的、具备合理动机；裁量要考虑相关因素、排除不相关因素；保持法律适用于解释的一致性；要按照普通人的理性和常识作出推定；行政执法方式要措施得当、方式得体。

合理行政要求行政执法遵循"比例法则"，即目的和方式之间要平衡，手段要适当，与需达到的目的相称。比例原则在行政法上运用较多的是"错罚相当"原则，即如果行政相对人违反行政管理规定而应当被处罚时，行政主体所决定的处罚力度应当与被处罚人违法行为的恶性程度相匹配。

合理行政要求行政执法行为遵循"最小利益侵害原则"，即对违法者不能无故地、过度地侵犯其正当的权益，而应当选择牺牲行政相对人利益最小而最接近实现行政法目的的行为。可以采取其他方式实现行政执法目的时，尽可能不要采取损害行政相对人权益的措施和方式，保障其应有的合法权益。

（3）平等对待原则。对法律面前人人平等的含义基本理解为：所有的人被法律赋予的权利和被法律规定的义务都是同等的。不因民族、种族、性别、职业、地位、出身、信仰、受教育程度、智力、年龄、居住期限、财产状况、政治态度和政治面貌的不同而有所差别。

权利平等。权利平等是法律基本权利的平等，即法律面前人人平等。今天，这一平等概念几乎已经成为所有法治国家在宪法或宪法性文件中都确认的法律基本价值目标。因此，也可以把权利平等看作是一种宪法性权利，即宪法里所确认的公民基本权利。基本权利是设立主观权利、客观法律规范和一般解释原则的基础，对一切国家权力和国家机关具有直接的约束力，只有根据法律或者通过法律才能限制基本权利，人的这种基本权利是不可缺失、不可替代、不可转让的。

机会平等。机会平等被称为"交换对等之平等"，即在交换交易中，人的正义感在某种情形下会在要求允诺与对应允诺之间、在履行与对应履行之间达到某种程度的平等。机会平等是与市场经济体制和机制相适应的平等，是一种"经济人"而非"身份人"的平等，旨在让所有人都有发挥才干、靠自己的劳动和智慧增长财富的机会。但结果可能不是绝对平等的。从平衡效率与公平的角度来看，机会平等是以效率和激励为主的一种平等观，它是与当下建设中国特色社会主义市场经济体制的需求相匹配的。社会常常为起点公平、过程公平还是终点公平而争论不休。起点公平看似绝对公平，但结果并不一定是公平的，因为同样的教育，智商不同的人的学业成果会有天壤之别。竞争者开始的机会是平等的，但竞争的结果亦会造成不平等，因为优胜劣汰是市场的法则，而新一轮竞争开始时更无平等可言了。终点公平看起来也是绝对的公平，但若按照不同人的自然需要，也可能是不公平的，因为每一个人的经历、生理、性别、年龄等因素的不同，其需求都可能是不同的。因此，绝对的公平是不可能的。

规则平等。法律上的平等应该有两种含义：①法律视为相同的人，都应当以法律所确定的一致的方式来对待，任何人没有特权；②对于人类因出身、天赋和受教育程度等的不同产生的自然差别的不公正性，法律应当加以补偿来实现正义，而不能默认这种不公平而产生事实上的歧视。规则平等属于第二种平等，其包含着对弱势群体的倾斜保护。

在行政执法中，是遵循权利平等，或是机会平等，还是规则平等，要视行政执法行为的性质，即根据是授益性行政行为还是负担性行政行为而定。对授益性行政行为，应当遵循机会平等或者规则平等，对负担性行政行为则应遵循权利平等。

（4）正当程序原则。正当程序要求行政机关实施行政管理要严格遵循法定程序，依法保障行政管理相对人、利害关系人的知情权、参与权、表达权和监督权，行政机关工作人员在履行职责的过程中，与行政管理相对人存在利害关系时，应当回避。

正当程序具有技术层面和价值层面的双重含义。从技术层面而言，正当程序是行政主体实施行政行为过程中依法应当遵守的一系列的方式、步骤、顺序和时限。方式是实施和完成某一项行为的方法及行为结果的表现形式；步骤是完成某一行为所要经历的阶段；顺序是指完成某一行为所必经的步骤间的前后次序；时限是完成某一行为的时间期限。为了保证行政权力运行有序，必要的方式、步骤、顺序和时限是缺一不可的。从价值层面而言，正当程序不仅是实现行政法实体结构的技术性工具，还具有独立于实体而存在的内在价值。这种内在价值即程序自身的正当性，在一定程度上主要取决于程序自身是否符合正义的要求，而并不取决于通过该程序所产生的实体结果如何。

就实践层面而言，行政机关需要转变一种观念，即从"法定程序"到"正当程序"的提升。目前，违反法定程序的行为一定是错误的，需要被纠正的。但在有些领域，法律对程序的规定较为原则性，或者没有具体的程序规定，这需要对"正当程序"有正确的认知。所谓正当程序，意味着即便法律没有规定具体的程序，但只要违背了一般的正当程序要求，如回避原则、事先告知、听取陈述申辩、不利处分说明理由、办事流程公示、救济途径时限告知、必要的听证等，也可以被认定为行政行为不合理而予以纠正和撤销。所以说，正当程序对人们的要求，已经从合法行政提高到了合理行政的层面。对此，行政执法部门并没有形成共识，也没有做好观念上和制度上的准备。

（5）高效便民原则。高效便民是颇有中国特色的行政法理念。因为域外行政法里较少强调高效，但会注重便民和为民。这也许同我国处于社会主义初级阶段，强调以经济建设为中心，全社会讲究发展速度、追求效率的价值取向有关。

高效便民要求行政机关实施行政管理时，应当讲究办事效率、遵守法定时限、履行承诺的约定时限。这是将民法中的"约定优先"原理运用到行政法领域，即如果行政机关作出承诺的办事时限短于法定时限的，就应当按照约定的时限办理，如果超出约定时限的，也应追究其行政责任。

高效便民要求行政机关积极履行法定职责，提供优质服务，方便公民、法人和其他组织。在办事方法、程序的设计上，要从方便百姓、企业的角度出发，即体现"以民为本"的理念，要克服"官本位"的思维定式，以便民为准则，而不能仅从方便行政管理的角度考虑问题、设计制度。

高效便民是一种积极的行政。传统的消极行政是通过制约机制，防止公权力滥用，侵犯相对人的合法权益，即所谓制约公权力"做坏事"；而现代的积极行政则是通过激励机制，促使公权力积极作为，为人民谋福利，维护和增进相对人的权利、自由，即所谓推动公权力"做好事"。高效便民还要求行政机关正确处理好高效与便民的关系。当高效有时与便民产生冲突时，不能为了效率而轻易牺牲行政相对人的正当权益。

（6）公开透明原则。公开透明要求行政机关对自己在行政管理和行政执法中制作或者获得的信息，应当遵循"以公开为原则、不公开为例外"的原则，除涉及国家秘密、商业秘密和个人隐私的信息外，都应当全面、准确、真实地向社会公开。能主动公开政府信息的应当主动公开；对符合条件的依申请公开政府信息的，应当及时提供。

公开透明是公民政治权利的实现途径。公民拥有的政治权利，在我国被概括为"知情权、参与权、表达权和监督权"四方面权利。而知情权是后面三项政治权利能否行使的前提和基础。只有知道了政府的运行和相关信息，才能参政议政。当对政府的公共政策有异议时，就可以表达自己的想法和意见建议；当认为自己的权利受到公权力不当侵害时，就能够行使监督权。而政府行为的公开透明，是保障公民知情权的重要途径。

（7）信赖保护原则。信赖保护原则，就是政府要"诚实守信"。非因法定事由并经法定程序，行政机关不得撤销、变更已经生效的行政决定；因国家利益、公共利益或者其他法定事由需要撤回或者变更行政决定的，应当依照法定权限和程序进行，并对行政相对人因此受到的财产损失依法予以补偿。信赖保护原则的宗旨在于保障私人的既得权，并维护法的安定性以及私人对其的确信。

信赖保护又称信赖利益保护，其理念源于宪法保障人民对"法安定性的信赖"及宪法对"财产权保障"的基本原则。这里的信赖保护所称的"信赖"之标的，须具有拘束力的行政公权力行为，包括违法的行为与合法的行为。信赖保护要求行政机关对授益性行政行为轻易不得撤回；若因公共利益的需要必须撤回的，应当按照法定权限，经过正当程序，尤其要向利益相关人说明理由，听取其意见，并要依法给予补偿；未经补偿的，不得剥夺行政相对人已经获得的授益性权利。

信赖保护还适用于行政机关违法的授益性行政行为。从某种角度来说，信赖保护更注重的是对违法的行政行为的保护，出于信赖保护的需要，必要时要将错就错，即便是行政相对人依法不具有的权益。信赖保护的条件是：受益人信赖行政行为的存在，并且根据与撤销的公共利益的权衡，其信赖值得保护。因此，对于确认权利或法律利益的行政行为原则上不能撤销。此时，"信赖保护原则"高于"法律优先原则"。

（8）权责统一原则。权责统一，要求行政机关依法履行经济、社会、文化事务管理职责，要由法律、法规赋予其相应的执法手段。权责统一是依法行政的基本要义。今天的政府已经从过去的无限政府转变为有限政府，从权力政府转变为责任政府。从法理上讲，这意味着行政机关有多大权力就承担多大的责任，但现实情况则并非如此，而是遵循着权力有限而责任无限的路径，这是由中国现实国情决定的。对此，往往会出现两种误判：行政机关会对权责统一作理想化的解读，成为推卸责任、不积极作为、不回应社会和民众需求的"法理依据"；社会民众则仍把无限责任政府视为理所应当，对政府有过度依赖的惯性，社会一旦出现问题都简单地归结为政府的过错或者政府的责任。这两种认识都是需要矫正的。对于政府的过错和违法行为，政府要有担当，要有内部监督机制和问责制度，并有国家赔偿制度予以保障。

2. 行政执法的特征

所谓特征，是指事物可供识别的特殊的征象或标志。任何一个事物，都有其区别于其他类似事物的特征。与一般个人、组织的行为相比，行政执法行为自然有不同的特殊征象。概括起来有以下特征：

（1）国家意志性。行政执法行为是国家意志的一种体现，而不是某一行政机关、组织或者行政执法人员个人意志的体现。行政执法人员的执法行为被认定为一种履行职务行为，是有国家强制力予以保障的。因此，这种履职行为若有违法或者不当，是由行政执法的法定组织承担法律责任，或者由国家来承担行政赔偿责任，而不是由行政执法人员个人来承担法律责任或者赔偿。对行政执法人员只依法进行内部的行政处分与问责，或者进行行政赔偿的追偿，但这种追偿与行政赔偿相比，一般不是足额的。

（2）法定性。行政执法行为能够实施的前提，是行政主体拥有某项行政职权，这种行政职权是通过立法设定的，而不是自我设定的，即所谓"职能法定"原则。行政主体要取得行政执法权有三种合法的途径：①具有行政机关身份的主体，通过法律、法规、规章的直接规定而获得；

②属于社会组织的，通过有关法律、法规对它的特别授权而取得；③对一些事业单位而言，通过行政机关依据法律、法规、规章的规定委托其执法而取得，而委托执法的主体，并不是完备意义上的行政执法主体，只是一种辅助执法组织。

（3）专属性。行政执法行为在主体上具有专属性，其只归属于依法履行职权的行政机关或者授权组织。正因如此，行政执法作为一种履行行政职权的行为，其与民事权利不同，后者可以按照意思自治的原则转让、放弃，而拥有行政职权的组织是不能任意转让、放弃、赠予其行政执法权的，这也被称为"不可处分性"。

（4）单方性。行政执法行为是一种单方行为，由行政主体按自己单方面的意志作出，不以行政相对人的意志为转移。行政执法主体既可以不取得相对人的意思表示而主动履行义务、给予相对人个人利益，也可以违逆相对人表示的意愿而拒绝履行义务、拒绝给予相对人个人利益。行政相对人则有服从和配合的义务。在行政法上，相对人的意思表示仅仅是一种参与，并不具有决定性意义，只有在放弃某些并不违反公共利益的个人利益时才具有决定性意义。

（5）优益性。行政执法者在履行行政职务时，均依法享有行政优益权，包括行政优先权和行政受益权。在任何一个行政法律关系中，对于行政相对人而言，行政执法主体均处于优先的法律地位，行政相对人需要履行配合协助义务；行政主体有交通通行、设备使用优先权；行政执法人员还有人身特别保护权。对于国家关系而言，行政主体有权要求提供公务经费、办公条件、交通工具等必要的保障。

（6）过程性。每一个行政执法行为都会有一个时间效力问题，即都有一个从开始生效到行为终止的过程。行政执法行为一般都要经过的过程为：立案、调查取证、事实认定、判断其是否违法、寻找适用的法律依据、经办人员提出案件处理建议、法制部门进行合法性审查、相关领导审核、法定代表人最终批准作出决定、决定依法送达当事人、当事人履行决定内容后结案并将全部材料整理归档；当事人不自觉履行决定的，行政执法主体依法强制执行或者申请人民法院强制执行后结案。行政执法行为就是一个"从成立到消灭"的过程。

（7）无偿性。行政执法行为涉及对公共利益的维护和分配，是一种公共服务，原则上都是无偿的。因为行政主体提供良好社会秩序，对社会成员从事相应职业的权利保障，对公共设施的营建和维护等，都是供全社会成员普遍享受的服务，理当是无偿的。因此，行政执法行为并不是与相对人利益的相互交换，不存在民事法律关系那样的对价关系。当然，行政主体对个别社会成员的特殊服务，则应当是有偿的。

（8）效率性。行政执法总是以积极维护和促进一定层次的公共利益和个人正当利益关系，达到促进两者的一致性为目的。效率，意味着行政主体为更多的相对人提供更多的社会正义和公共服务。行政法不仅是公民、法人或者其他社会组织控制行政权的法，更是行政主体控制相对人或社会的法。并且，行政法的功能不仅是控权，还有保权，即既要保障相对人的个人权利，更要保护行政权。因此，在行政法的价值取向上，强调以牺牲效率为代价的控权，已经是一种陈旧落伍的人文精神和法治观念了。

（9）外部性。行政执法行为一定会对公民、法人和其他组织的权利或者义务产生直接影响，要么是赋予其权利，要么是科以义务。

（10）救济性。行政执法行为因为其强制性的特质，很容易对行政相对人构成侵权，包括减损其权利或者多科以义务，需要通过行政复议、行政诉讼和国家赔偿等救济性制度来保障行政相对人的权利，即所谓"无救济即无行政"。

（三）行政执法的分类与功能

1. 行政执法的分类

（1）按照行政执法的行为方式分类。按照行政执法的行为方式，可以将行政执法行为分为行政监督行为、行政处理行为、行政处罚行为和行政强制执行行为。

第一，行政监督是行政主体为了实现行政管理职能，督促行政相对人自觉遵守法律法规，正当行使权利和适当履行义务的行为。

第二，行政处理是行政主体在行政管理活动中，对行政相对人授予某种权利或设定某种义务的具体行为。行政处理行为又分为行政奖励行为、赋予一般权利或权利能力行为以及科以一般义务的行为。行政奖励是行政主体对奖励对象给予精神鼓励和物质鼓励的行为。赋予一般权利或权利能力的行为比较广泛，如颁发许可证、发放营业执照等。科以一般义务的行为，是行政主体对出现某种法律规定的情况的相对人规定非惩戒性义务的行为，如税务机关对个人所得税的调节。

第三，行政处罚是行政主体依法对违反行政管理法律规范而应受惩罚的行政相对人给予的行政制裁。行政处罚的种类很多，如行政拘留、罚款、吊销营业执照、没收违法所得、责令停产整顿、通报批评等。

第四，行政强制执行是行政主体在行政处理和行政处罚对行政相对人科以义务后，行政相对人逾期不起诉又不履行义务，行政主体采取强制措施迫使其履行义务或达到与履行义务相同状态的行为。行政强制措施可分为对人身的强制措施和对财产的强制措施。

（2）按照行政执法主体职权的来源分类。按照行政执法主体职权的来源，行政执法可分为职权主体执法、授权主体执法、委托主体执法。

第一，职权主体是指基于宪法和组织法的规定，在成立时就具有行政职权并取得行政执法主体资格的组织。它们的执法行为就是职权主体执法。

第二，授权主体是因宪法、组织法以外的法律、法规的规定而获得行政职权，取得行政执法主体资格的组织。换言之，一个机关或组织在其设立时并无行政职权或无该行政执法权，事后经法定机关按程序赋予其某项行政职权或新的行政执法权，那么它们的执法行为就是授权主体执法。

第三，委托主体执法是指某组织或个人因获得法定行政执法主体的委托而以委托一方的名义实施的行政执法行为。在委托主体执法中其行为的法律后果由实施委托的行政执法主体承担。

（3）按照行政执法作用的对象分类。以行政执法作用的对象为标准，可分为内部行政执法和外部行政执法。

第一，行政机关对行政系统内部事务进行管理和监督，协调行政系统内上下级机关和同级行政机关之间的各种工作关系等，属于广义的行政管理活动，称之为内部行政行为。例如，行政机关对内部机构、编制、人事等的管理和监督等。

第二，外部行政执法行为是指行政主体对行政系统以外的，即对作为行政相对方的个人、组织所作的执法行为。在行政执法中，大部分行政执法行为是外部行政行为。划分内部与外部行政执法行为的意义在于，在我国目前的行政诉讼制度中，内部行政行为不作为司法审查的对象。

（4）按照行政执法的自主程度分类。以行政执法的自主程度为标准，可分为自主行政执法和依申请行政执法。此分类标准是以行政执法中行政主体的执法行为与行政相对人的请求权的关系为依据的。在行政执法中，有些行政执法是由行政主体自动决定并自主实施的，称其为"自主执法"。自主执法行政主体可以自行决定执法的开始和终结，而与行政相对人是否提出请求无关，因而不能以行政相对人的申请作为行政执法的前提。

有些执法则必须有行政相对人的申请方可为之，即行政相对人没有请求则行政执法活动就不能展开，此种执法一般与行政相对人的私权有关。此类执法，称之为"依申请执法"，如行政许可行为、颁发证照行为。

（5）按照行政执法的内容分类。以行政执法的内容为标准，可以分为综合类行政执法、公共安全类行政执法、消费者权益保护类行政执法、广告监管类行政执法、合同监管类行政执法、商标监管类行政执法、公平交易类行政执法、登记注册类行政执法等。

2. 行政执法的功能

（1）维护社会秩序和公共利益。行政执法行为是通过规范行政主体、明确权力来源、正确履行职权和职责的方式，达到维护行政管理秩序、保障社会公共利益的实现，进而创造良好的社会法治环境。因此，法律赋予行政主体一定的强制性权力，就是为了保障其能够完成维护社会秩序和公共利益的任务，因而秩序法治是法治政府的固有内涵之一。

（2）保护公民、法人和其他组织的合法权益。行政执法行为除了实现维护社会秩序和公共利益的公益性目的外，还有一个重要的功能是维护公民、法人和其他组织的私益性权益，即防止其权益受到他人的不法侵害，保护其合法的、正当的权益。从某种角度讲，维护公共利益和维护公民、法人和其他组织的私益性权利同等重要，两者不能偏废。换言之，行政执法不能以维护社会秩序和公共利益为理由，轻易地侵害行政相对人的权益或者增加其义务，而应遵循"最小利益侵害"的原则。

（3）为社会提供良好的公共产品和公共服务。现代政府既是法治政府，又是服务政府。为全体社会成员提供优质、均等的公共产品和公共服务，提供完善、便民的公共设施，是行政执法所要达致的重要任务。行政许可、给付行政等行政行为，均含有服务政府的内涵。

（4）促进经济、社会、文化、生态事业的发展进步。行政执法行为是全面依法履行政府职能的重要途径。现在通常对政府职能的表述是：宏观经济调控、市场秩序监管、加强社会管理、优化公共服务、保护生态环境。政府通过行政执法等途径，加强国家经济的宏观调控功能，理顺政府与企业的关系，维护市场的公平竞争和公共安全；政府承担着从社会管理到社会治理的职能，需理顺政府与社会的关系，发挥行业自治和基层社区自治的功能；政府要保障公民言论自由、奖励科学技术发明，促进各项文化事业的健康发展，弘扬优秀的传统民族文化，推动精神文明建设；政府还要积极推动生态保护，处理好人与环境的关系，为子孙后代留下可持续发展的青山绿水。这些都是行政执法所要完成的使命。

（5）规范和引领全民守法。行政执法行为合法、合理地行使，能有效地规范、约束行政相对人，纠正其违法或不当的行为，促使其积极履行法定义务，制止危害他人利益和公共利益的行为。同时，通过行政处罚、行政强制等制度，发挥法律的示范功能和警示功能，从而引领全体社会成员自觉地养成守法的习惯。这也正是行政执法所要达到的重要目的。

第四章 民法及民法典的权利

第一节 民法的基本概述

民法是有国家强制力（区别于道德等）的社会生活规范；民法是调整社会生活中财产关系和人身关系（其他关系不调整）的法律规范；民法是调整平等民事主体之间的社会关系的法律规范。

民法是调整社会主义市场经济关系的基本法；民法为文明法；民法为行为规范兼裁判规范；在民商分立的国家，民法为商法以外的全部私法；在民商合一的国家，民法为私法的全部；就其内容来说，是规定权利主体有无权利、义务的法律，因而是实体法，而不是程序法；就其适用范围来说，是施行于一国范围内的法律，因而是国内法，而不是国际法；就其效力来说，是全国范围内主体间一般通用的法律，因而是普通法，而不是特别法。

一、民法的重要功能

民法作为规范社会生活的重要法律，是调整社会主义市场经济秩序的基石。民法是以法律形式体现社会经济生活条件的准则。其重要性不言而喻。民法的具体功能如下：

第一，民法为现代化市场经济提供了基本规则和行为规范，确保市场参与者在法律框架内自由竞争、创新发展，从而推动社会主义市场经济持续健康发展。

第二，民法为人权提供了坚实的保障。人权作为人按其本质属性应享有的权利，是民法关注的核心。民法通过确立和保护人格权、人身权、财产权等基本权利，为其他权利包括政治权利、经济权利、社会权利和文化权利的保护奠定了基石。

第三，民法在维护社会公平正义方面发挥着关键作用。它调节社会各方的利益关系，确保人们能够合法地追求自身利益，同时防止强权欺压、弱肉强食和非法牟利的现象发生。

第四，民法对于促进民主政治的发展具有积极意义。作为私法，民法强调私法与公法、民事生活与政治生活的区分。这有助于防止行政权力的滥用和过度干预，从而有利于经济基础的稳固和发展。这种区分和平衡客观上推动了民主政治的进步。

二、民事法律关系

民事法律关系，是由民事规范所调整的社会关系，也就是由民事法律规范所确认和保护的权利义务关系。

（一）民事法律关系的特点

民事法律关系作为法律关系的一种，其独特性主要体现在以下四个方面。

第一，民事法律关系是平等主体之间的关系。这一特征源于民法所调整的社会关系的平等性及民法所遵循的平等原则。在民事法律关系中，双方当事人的权利与义务是对等一致的，一方享有的民事权利往往伴随着对方承担相应的民事义务。这种平等性确保了民事主体在法律关系中的对等地位。

第二，民事法律关系以民事权利与义务为核心内容。民法主要调整平等主体之间的财产关系和人身关系，为当事人设定了明确的民事权利和民事义务。因此，民事法律关系本质上是一种关于民事权利与义务的关系。

第三，民事法律关系以财产关系为主要表现形式。虽然人身关系也是民法调整的对象之一，但是财产关系在民事法律关系中占据主导地位。另外，商法同样以财产关系为主要的调整对象。

第四，民事法律关系的保障措施具有补偿性和财产性特点。民事法律关系的实现依赖于国家强制力的保障。当民事权利受到侵害时，法律赋予受害方以请求权，通过行使该请求权来弥补损失。这种责任承担方式主要具有补偿性，并且在补偿方式上多采用赔偿损失、支付违约金等财产性手段。相比之下，惩罚性和非财产性责任并非民事责任的主要形式。

（二）民事法律关系的种类

根据不同的标准，可以将民事法律关系分为不同的种类，不同种类的民事法律关系有不同的性质和特点。

1. 财产法律关系与人身法律关系

财产法律关系与人身法律关系是依据法律调整对象的不同而划分的。财产法律关系，顾名思义，是指因财产的所有或流转所形成的，体现一定经济利益的民事法律关系。其中涵盖了物权关系、买卖关系、借贷关系等关系。而人身法律关系则是指与人身不可分离，为满足主体的人身利益所形成的法律关系，如因人的生命、健康、姓名、肖像、名誉等产生的法律关系，以及因智力创作而产生的署名权、发表权、修改权等法律关系。这类法律关系的特点在于其不具有直接的经济利益内容，这也是它与财产法律关系的主要区别。

区分财产法律关系和人身法律关系具有如下重要意义：

（1）两类关系中的权利性质存在显著差异。财产法律关系所确认的是财产权利，权利人通常可以根据其意志进行转让。相反，在人身法律关系中所确认的权利则与权利主体的人身紧密相连，权利人一般不能将其转让给他人。

（2）对于这两类关系的保护方法也有所不同。当财产法律关系受到侵害时，对责任人主要适用财产责任，如赔偿损失、支付违约金等。而当人身法律关系受到侵害时，对责任人则主要适用非财产责任，如赔礼道歉、排除妨碍等。当然，在某些情况下，受害人也可以因人身法律关系的损害向责任人追究财产责任，如要求赔偿。但值得注意的是，单纯依赖财产责任的方法往往无法充分满足保护人身权的需求。

2. 绝对法律关系与相对法律关系

绝对法律关系与相对法律关系是根据民事法律关系义务主体范围的不同而划分的。绝对法律关系是指权利人无需义务人的协助即可实现其权利的法律关系，如所有权关系、人身权关系等。在这种法律关系中，权利人是特定的，义务人则是除权利人以外的一切不特定的人。相对法律关系是指权利人必须由义务人协助才能实现其权利的法律关系，如债权关系。在这种法律关系中，权利人是特定的，义务人也是特定的。

区分绝对法律关系和相对法律关系，有利于明确民事法律关系中义务人的范围及义务的内容，从而正确适用民法。

3. 物权关系与债权关系

在财产权法律关系中，依据义务人是否特定，又可分为物权法律关系与债权法律关系。

物权法律关系是权利人直接支配物并排除他人干涉的关系。物权法律关系属于绝对法律关系。在物权法律关系中，义务人为权利人之外的一切不特定人，其义务表现为对权利人权利的消极不作为。债权法律关系是权利人必须由义务人的一定行为相配合，才能行使和实现其权利的法律关系。债权法律关系属于相对法律关系。在债权法律关系中，不仅权利人特定，义务人也是特定的。义务人的义务表现为对权利人行使权利予以积极行为的协助。

区分物权关系和债权关系的意义在于有助于明确物权和债权的不同特点。相应的，民法中确认了物权法和债权法这两种财产法律制度。

（三）民事法律关系的要素

1. 民事法律关系的主体

民事法律关系主体是指民事法律关系中享受权利，承担义务的当事人和参与者，包括自然人、法人和其他组织。

（1）自然人。自然人不仅包括公民，还包括外国人和无国籍人。自然人作为民事主体的一种，能否通过自己的行为取得民事权利、承担民事义务，取决于其是否具有民事行为能力。所谓民事行为能力，是指民事主体通过自己的行为取得民事权利、承担民事义务的资格。民事行为能力分为完全民事行为能力、限制民事行为能力和无民事行为能力三种。

第一，完全民事行为能力。18 周岁以上的公民是成年人，具有完全民事行为能力，可以独立进行民事活动，是完全民事行为能力人。16 周岁以上不满 18 周岁的公民，以自己的劳动收入为主要生活来源的，视为完全民事行为能力人。司法解释又补充道，以自己的劳动收入为主要生活来源且能保持当地生活水平的一般状态。

第二，限制民事行为能力。8 周岁以上的未成年人是限制民事行为能力人，实施民事法律行为由其法定代理人代理或者经其法定代理人同意、追认；但是可以独立实施纯获利益的民事法律行为或者与其年龄、智力相适应的民事法律行为。不能完全辨认自己行为的成年人为限制民事行为能力人，实施民事法律行为由其法定代理人代理或者经其法定代理人同意、追认；但是可以独立实施纯获利益的民事法律行为或者与其智力、精神健康状况相适应的民事法律行为。

第三，无民事行为能力。不满八周岁的未成年人为无民事行为能力人，由其法定代理人代理实施民事法律行为。不能辨认自己行为的成年人为无民事行为能力人，由其法定代理人代理实施民事法律行为。

（2）法人。法人应当具备四个条件：①依法成立；②有必要的财产或者经费；③有自己的名称、组织机构和场所；④能够独立承担民事责任。

（3）其他组织。

2. 民事法律关系的客体

民事法律关系客体，是指民事法律关系之间权利和义务所指向的对象。具体的民事法律关系的客体为物、行为、智力成果。

3. 民事法律关系的内容

民事法律关系的内容，是指民商事主体所享有的权利和承担的义务，即民事权利和民事义务。这种权利义务内容是民法调整的社会关系在法律上的直接表现。任何个人和组织作为民事主体参与民事法律关系，必然要享有相应的权利、承担相应的义务。

在民事法律关系中，权利和义务相互对立、相互联系。权利的内容要通过相应的义务来表现，义务的内容则由相应的权利来限定。当事人一方享有权利，必然有另一方负有相应的义务，而且权利和义务往往是同时产生、变更和消灭的。

主体、客体、内容是民事法律关系的三要素，缺少任何一个要素都不能构成民事法律关系。主体是民事权利义务的享有者和承担者，民事权利义务是联系民事法律关系双方主体的纽带，如果没有民事权利义务把他们联系在一起，彼此孤立，也就无民事法律关系可言。作为权利义务指向的对象——客体与权利义务联系密切，共同体现主体的物质利益或人身利益；若没有客体，则权利义务无所依。

第二节　民事权利、义务与行为

一、民事权利

民事权利，是指法律赋予民事主体为实现某种权益而为某种行为或不为某种行为的自由。具体而言，它包括三个方面的可能性：①权利人直接享有某种利益，或者实施一定行为的可能性；②权利人请求义务人为一定行为或不为一定行为的可能性；③在权利受到侵犯时，请求有关国家机关予以保护的可能性。

"民事权利客体是民事法律关系要素之一，在《民法典》总则编规定的民法一般规则中具有重要地位。"① 从性质上看，民事权利都体现着一定的利益，但它并不是生活中的一切利益，作为权利内容的个体利益，只有符合社会利益，法律才会予以保护，而只有为法律所确认和保护的利益才体现为权利。

（一）民事权利的分类

民事权利按其内容、性质，可以分为不同的种类。其中，常见的分类有以下四类：

第一，财产权和人身权，是以民事权利是否有财产内容为标准划分的。其中，以财产利益为内容的、直接体现物质利益的权利为财产权，如物权、债权等。以实现人身利益的自由为内容，与主体的人身不可分离的权利为人身权，如名誉权、肖像权。财产权可以在民事主体之间自由转让，也可以继承，而人身权一般是不能转让和继承的。

第二，绝对权和相对权，是根据义务人的范围是否特定而划分的。绝对权是指义务人不特定，权利人可以向任何人主张权利的权利，又称对事权。在民事法律关系中，物权、人身权、知识产权等都属于绝对权。相对权是指义务人为特定的，权利人只能向特定义务人主张权利的权利，又称对人权。债权为典型的相对权。

第三，主权利和从权利，是以两个相互联系的权利之间的关系为依据划分的。在并存的两个权利中，能够独立存在者为主权利；必须以另一权利存在为前提，否则便不能存在者为从权利。例如，有担保的债权与担保权之间，债权为主权利，担保权为从权利。主权利与从权利必须由同一主体享有，否则就没有主从之分。其中，主权利转移，从权利随之转移；主权利消灭，从权利随之消灭。

第四，支配权、请求权、抗辩权、形成权，是以权利作用的不同而划分的。

---

① 杨立新. 民事权利客体：民法典规定的时隐时现与理论完善［J］. 清华法学，2022，16（3）：20—39.

支配权是指权利主体以自己的行为直接支配标的物的权利。在民法权利体系中，物权属于支配权。

请求权是指权利主体请求义务主体为或者不为一定行为的权利，如债权便是典型的请求权。

抗辩权是指对相对人的请求加以拒绝的权利。例如，在合同履行过程中，当事人依法享有的同时履行抗辩权、不安抗辩权。

形成权是指仅凭当事人单方的行为就能引起某种民事法律关系产生、变更或消灭的民事权利，如本人对无权代理人代理行为的追认权。

（二）民事权利的行使

民事权利的行使是对民事权利内容的实现。权利人通过实施行使权利的行为，可以实现权利所体现的利益。在行使权利的方式上，权利人可以自己行使，也可以依法由他人代为行使，或将权利的内容转移给他人享有并行使。

权利的行使应依权利人的意思决定，但权利人须正当行使权利，在行使权利的过程中应遵循诚实信用、尊重社会公共利益的原则，禁止权利滥用。权利人行使权利若违背权利的目的，损害了他人或社会公共利益，就属于权利滥用，应依法承担相应的法律责任。

（三）民事权利的保护

民事权利的保护可以划分为公力救济和私力救济两种途径。

第一，公力救济，也称为国家保护，其核心在于当民事主体的权利受到侵犯时，依托国家机关，特别是人民法院，通过公共权力的行使来实施救济。诉讼是这一过程中最主要的手段。由于民事法律规范多带有任意性，因而在权利遭受侵害时，除非涉及国家或社会公共利益，当事人通常拥有是否提起诉讼的自主权。

第二，私力救济，即自我保护，允许权利人在法律框架内，采取合法手段维护自身权益。这是法律赋予权利的基本属性。然而，自我保护的行使受到法律的严格约束，权利主体必须在法律允许的范围内行动。目前，我国民法中已明确规定的私力救济措施包括正当防卫和紧急避险。

二、民事义务

民事义务与民事权利相对应，是指义务人为满足权利人的利益而为某种行为或不为某种行为的必要性。它具体包括：①义务人必须依据法律的规定或者合同的约定，为一定行为或不为一定行为，以满足权利人的利益；②义务人只承认法定的或约定范围内的义务，而不承担超出这些范围以外的义务；③义务人必须履行其义务，否则将依法承担相应的法律责任。

民事义务与民事权利一样，也是国家法律确认的，它规定了义务主体的行为范围。没有义务人的履行义务，就不能满足权利人的利益需要，也不能维护国家正常的经济秩序、社会秩序。民事义务主要包括以下三种类型：

（一）法定义务和约定义务

根据义务发生的原因，民事义务可以分为法定义务和约定义务。法定义务是指直接根据法律的规定而发生的义务。约定义务是指由当事人自行约定的义务。一般情况下，与绝对权相对应的义务属于法定义务，与相对权相对应的义务则属于约定义务。

（二）专属义务和非专属义务

根据民事义务与义务人的关系，民事义务可以分为专属义务和非专属义务。专属义务是指专属于特定的人，不得转移也不得由他人代为履行的义务。非专属义务是指非专属于特定的人，可以转移给他人也可以由他人代为履行的义务。

（三）积极义务和消极义务

根据义务的内容，民事义务可以分为积极义务和消极义务。积极义务是指以积极的作为为内容的义务。消极义务是指以消极的不作为为内容的义务。法定义务一般为消极义务，约定义务一般为积极义务。

三、民事法律行为

民事法律行为是指以意思表示为要素，以设立、变更、终止民事权利义务关系为目的的合法行为。

（一）民事法律行为的特点

第一，民事法律行为是民事主体以设立、变更或终止民事权利义务关系为目的的行为。首先，只有民事主体实施的、能够引起民事法律后果的行为才可能称之为民事法律行为；其次，民事法律行为是有目的的行为，是民事主体欲达到一定法律效果，即以设立、变更或终止民事权利义务关系为目的的行为。

第二，民事法律行为以行为人的意思表示作为构成要素。意思表示是民事法律行为不可或缺的构成要素，是民事法律行为的核心。它是行为人将其期望发生某种法律效果的内心意思以一定方式表达于外部的行为。行为人欲实施一项民事行为，必须将其内心意思表示出来。是否以意思表示为构成要素，是民事行为与事实行为的根本区别。

第三，民事法律行为是一种合法行为。民事法律行为必须具有合法性，即必须是合法行为，才能产生行为人预期的法律效果。

（二）民事法律行为的种类

1. 单方行为、双方行为与多方行为

根据民事法律行为的成立是基于一方意思表示还是双方或多方意思表示，民事法律行为可划分为单方行为、双方行为和多方行为。

（1）单方行为，是指仅凭一方当事人的意思表示即可成立的民事法律行为。这类行为的特点在于无需相对人的同意，该行为即告成立。

（2）双方行为，是指由行为人双方作出内容互异但相互对应的意思表示，并达成一致而成立的民事法律行为。典型的双方行为包括合同行为，其成立需要双方当事人的共同意思表示。

（3）多方行为，则是指由多个行为人各自作出意思表示，并通过协商一致而成立的民事法律行为。例如，两个或两个以上的合伙人订立合伙合同的行为即属于多方行为。

2. 要式行为与不要式行为

根据行为是否必须依据法律采用特定的形式，民事法律行为可分为要式行为和不要式行为。

（1）要式行为，是指依照法律的规定，必须采用特定形式的民事法律行为。这种特定形式常见的有书面形式、履行登记手续等。

（2）不要式行为，是指法律未对其形式做特别要求的民事法律行为。现代民法一般很少干预当事人行为的具体形式，只有在个人行使权利涉及他人事务和公共利益时，才要求必须以特定的形式进行。不要式行为可由当事人自由决定行为的形式，而要式行为中当事人则应当采用法定方式。

3. 有偿行为与无偿行为

根据当事人是否因给付而取得对价，民事法律行为可分为有偿行为和无偿行为。

（1）有偿行为，是指双方当事人各因给付而取得对价的民事法律行为。所谓对价，是指一方为换取对方提供的利益而付出代价，如买卖合同、租赁合同等均属于有偿行为。

（2）无偿行为，是指一方给付某种利益，对方在取得该利益时并不给予对价利益的民事法律行为，如赠予、借用等都是无偿行为。

4. 诺成行为与实践行为

在意思表示以外，根据是否还必须交付实物为标准，民事法律行为可分为诺成行为和实践行为。

（1）诺成行为，是指仅以意思表示为成立要件的民事法律行为。它不以标的物的交付为要件，只要行为人的意思表示一致即可成立，如买卖合同、租赁合同、承揽合同等。

（2）实践行为又称要物行为，是指除当事人意思表示一致外，还需要交付标的物才能成立的民事法律行为。借用保管合同均属于实践行为。

5. 主行为与从行为

根据民事法律行为之间的相互依从关系为标准，民事法律行为可分为主行为和从行为。

（1）主行为，是指不需要有其他行为的存在就可以独立成立的民事法律行为，如相对于担保合同来说，主债务合同就是主行为。

（2）从行为，是指从属于其他行为而存在的民事法律行为，如相对于主债务合同来说，担保合同就是从行为。

（三）民事法律行为的成立

1. 民事法律主体行为成立的实质

法律主体的一项行为能否被判定为民事法律行为，首先必须分析其是否是属于民事领域的行为，如行政机关的行政行为、司法机关的司法行为等均不属于民事法律行为。其次，必须看其是否符合民事法律行为的成立要件，若不符合，则只可能属于事实行为或准法律行为，而不能称之为民事法律行为。最后，在上述前提的基础上，分析此项民事法律行为是否能够被评判为合法、生效的民事法律行为。

因此，只要民事法律行为均是合法有效的，那么在其被确定为有效之前，就必须先经过成立与否的判断过程。若一项民事行为不能成立，实际上等于行为人没有实施任何行为，自然没有继续探讨其有效与否的意义。

民事法律行为的成立，实质上，是指一项行为符合民事法律行为构成要件的客观情况。

2. 民事法律行为的一般成立要件

民事法律行为的一般成立要件，是指一切民事行为依法成立所必不可少的共同条件。这些一般成立要件包括三项：当事人、标的、意思表示。

（1）当事人。当事人是参与特定民事行为的民事主体，任何民事行为都离不开当事人的参与。在单方民事行为中，仅有一方当事人即可；而在双方和多方民事行为中，则必须有两个或两个以上的当事人。

（2）标的。此处的"标的"指的是民事行为的具体内容，即当事人通过其行为所期望实现的效果或目标。

（3）意思表示。意思表示是行为人将其希望产生某种民事法律效果的内心意愿通过一定方式表达于外部的行为。表示行为的形式通常也是民事行为的形式，主要有以下四种类型。

第一，口头形式。口头形式是以对话的方式表达意思表示，包括面谈、电话交谈等。例如，口头订立的合同或口头委托代理人的行为即属于此类。口头形式的优点是方便快捷，但缺点是缺乏客观记载，一旦发生纠纷，因取证困难而难以确定行为人之间的权利义务关系。因此，口头形式多用于即时清结或涉及较小标的额的民事行为。

第二，书面形式。书面形式是以书面文字的形式表达意思表示。书面形式可分为一般书面形式和特殊书面形式。一般书面形式包括合同书、信件、数据电文（如电报、电传、传真、电子数据交换和电子邮件）等能够有形地展现内容的形式。此外，图表、照片、技术工程用图等也属于书面形式的范畴。特殊书面形式则包括公证形式和鉴证形式等。书面形式的优点在于有明确的文字记载，发生纠纷时易于举证，有助于明确行为人之间的权利义务关系，但有时也可能显得烦琐。

第三，推定形式。推定形式是指行为人并未直接使用口头或书面形式，而是通过某种积极的行为表达意思表示，使他人能够据此推断出行为人的意思表示内容。例如，在租赁合同期满后，承租人继续支付租金并为出租人所接受，即可推断出双方均有继续租赁的意愿。

第四，沉默形式。沉默形式是指行为人在没有语言、书面表示或积极行为表示的情况下，通过消极的不作为表达意思表示。这种形式在法律中有特别规定或当事人有特别约定的情况下才被视为有效的意思表示。

（四）民事法律行为的效力

1. 民事法律行为的生效要件

民事法律行为有效需要具备一定的条件，这些条件就是民事法律行为的生效要件。民事法律行为应当具备的条件包括：①行为人具有相应的民事行为能力；②意思表示真实；③不违反法律或者社会公共利益。据此，我国民事法律行为的生效要件包括以下三个方面。

（1）行为人具有相应民事行为能力。行为人实施民事法律行为将会产生权利义务关系，并带来相应的法律后果。这就要求行为人必须具有相应的民事行为能力，能够预见其行为性质和后果。

完全民事行为能力人，可以以自己的行为取得民事权利，履行民事义务。限制民事行为能力人，可以进行与他的年龄、智力相适应的民事活动，其他民事活动由他的法定代理人代理，或者征得他的法定代理人的同意。无民事行为能力人，不能独立实施民事法律行为，由他的法定代理人代理民事活动。但在实践中，无民事行为能力人所进行的与日常生活密切相关的细小的民事法律行为，如购买文具、买零食、乘坐公交车等，一般认为有效。至于法人和其他组织，自其成立之时就具有相应的民事行为能力。

对于商事行为能力，有些国家的民事主体若要从事合法的商事行为，必须先履行商业登记程序、核定营业范围，才能取得从事商业行为、享有商法上的权利、承担商法上的义务的特殊行为能力，即商事行为能力。但是，有些国家认可民事主体具有民事行为能力的同时，也具有商事行为能力。

（2）行为人的意思表示真实。民事法律行为以意思表示作为核心要素，因而要求行为人的意思表示必须真实。只有行为人意思表示真实，才能保证其所实施的民事法律行为产生的法律后果符合行为人预期的目的。如果意思表示不真实，就属于意思表示存在瑕疵。这种瑕疵可分为两类：一类是意思与表示不一致，另一类是意思表示不自由。

意思与表示不一致是指行为人客观上所表示的，与其内心意思并未互相一致；意思表示不自由是指行为人因受到不当干涉，所进行的意思表示并非基于自由意志自愿作出。

（3）民事法律行为的合法性。一项民事行为是否能够生效在于其是否能够被评价为合法的民事法律行为。如果民事行为不违反法律或者社会公共利益，则具有合法性，那么行为人的意思就能够被法律认可，从而可以产生预定的法律效力并受到法律保护。

民事行为的合法性，并不是要求意思表示必须有法律依据或者必须符合法律的所有规定，而是指不能违反法律的强制性规范及社会公共利益。

2. 无效的民事行为类型

无效的民事行为指的是那些因缺失生效要件，从一开始就当然、确定不发生法律效力的行为。自始无效是指这类民事行为因未满足生效要件，在成立之初便无效，其意思表示自始不被法律所认可。这与可撤销的民事行为形成鲜明对比，后者在被撤销之前是有效的。当然无效指的是这类行为无须任何主体主张，也无需法院或仲裁机构宣告，即自动无效。确定无效表明这类行为不仅在其成立时不发生法律效力，而且以后任何情况都无法使其变得有效，绝无再次生效之可能。这与效力待定的民事行为形成鲜明对比，后者有可能通过权利人的事后追认而生效。

无效民事行为的类型主要如下：

（1）行为人不具备相应行为能力所实施的民事行为。无民事行为能力人独立实施的民事行为通常无效，但与其日常生活密切相关的细小行为通常视为有效。限制行为能力人未经法定代理人允许的单方行为属于绝对无效。然而，无民事行为能力人和限制民事行为能力人接受奖励、赠予、报酬的行为，由于不涉及义务且不损害他人利益，因而不因行为人行为能力的欠缺而无效。

（2）意思表示不自由且损害国家利益的民事行为。这包括欺诈、胁迫和乘人之危等情形。欺诈是指一方故意提供虚假信息或隐瞒真相，诱导对方作出错误的意思表示；胁迫是以给对方或其亲友造成损害为要挟，迫使对方作出违背真实意愿的表示；乘人之危则是利用对方的困境迫使其作出不真实的意思表示。

（3）内容违法的民事行为。这包括恶意串通损害国家、集体或第三人利益的行为；以合法形式掩盖非法目的的行为；损害社会公共利益的行为；违反法律、行政法规强制性规定的行为。需要注意的是，判定民事行为是否有效时，应依据全国人大及其常委会制定的法律及国务院制定的行政法规，不能随意扩大范围至地方性法规和行政规章。

3. 可撤销的民事行为

可撤销的民事行为，是指虽然已经成立并生效，但因为意思表示不真实，可以因行为人行使撤销权，使其自始不发生效力的民事行为。

可撤销的民事行为与无效民事行为的不同之处主要体现在：无效民事行为自始、当然、确定不发生法律效力。而可撤销的民事行为在成立之初产生法律效力，只有在当事人行使撤销权并经过法定撤销程序被撤销后，其效力溯及该民事行为成立时无效。如果享有撤销权的人在法定期间内没有行使撤销权，该民事行为继续有效。

可撤销民事行为的类型，具体如下：

（1）存在重大误解的民事行为。因重大误解成立的民事行为为可撤销的民事行为。所谓重大误解，是指行为人因对行为的性质、对方当事人、标的物的品种、质量、规格和数量等的错误认识，使行为的后果与自己的意思相悖，造成较大损失的意思表示。因重大误解而为的民事行为虽然不是因受他人的欺诈或不正当影响所造成，但是这是在与行为人真实意思相悖的情况下实施的，故影响行为的法律效力。

存在重大误解的民事行为应当具备的条件包括：行为人对所为的民事行为的内容有错误认识；行为人基于这种误解作出了意思表示；误解因行为人自己的过失造成，并非因受他人的欺诈或不正当影响造成；因重大误解实施的行为给行为人造成了较大损失。

（2）显失公平的民事行为。因显失公平成立的民事行为为可撤销的民事行为。显失公平的民事行为，是指民事行为的效果明显违背公平原则。一方当事人利用优势或者利用对方没有经验，致使双方的权利义务明显违反公平、等价有偿原则的，可以认定为显失公平。

存在显失公平的民事行为应当具备的条件包括：须为有偿行为，因为无偿行为中一方当事人不支付对价，所以谈不上公平与否的问题；须行为内容明显违背公平原则；该不公平的结果是因受害人自己没有经验或劣势所致。

（3）受欺诈、胁迫和乘人之危而为的民事行为。虽然把因一方以欺诈、胁迫的手段或者乘人之危而使对方在违背真实意思的情况下所为的行为统统归为无效民事行为，但此规定不适当地强化了国家干预。一方以欺诈、胁迫的手段使对方在违背真实意思的情况下所为的民事行为，只有在损害国家利益的情况下才为无效行为。若没有被认定为损害国家利益，则此类行为属于可撤销民事行为。一方乘人之危使对方在违背真实意思的情况下所为的民事行为也属于可撤销民事行为。

（4）撤销权的行使。撤销权是民事行为的当事人依法享有的以其单方的意思表示使民事行为的效力归于消灭的权利。可撤销的民事行为由于仅仅损害了具体行为中的当事人的利益，未对国家利益或社会公共利益造成损害，因而公权力无需直接干预其效力，而是赋予当事人以撤销权。如果享有撤销权的人行使撤销权，那么该民事行为归于无效。但是，被撤销的合同，不影响其中独立存在的有关解决争议方法的条款的效力。

关于撤销权的行使，享有撤销权的人应当向人民法院或仲裁机构提出撤销的请求而非向相对人提出。具有撤销权的当事人自知道或应当知道撤销事由之日起 1 年内没有行使撤销权的，撤销权消灭。这 1 年期限属于除斥期间。此外，具有撤销权的当事人知道撤销事由后明确表示或者以自己的行为放弃撤销权的，撤销权消灭。

可撤销的民事行为，同时也是可变更的民事行为。这意味着对于此类民事行为，享有撤销权的人既可以行使撤销权，请求人民法院或仲裁机构予以撤销，也可以不请求撤销而仅仅要求对该民事行为的内容加以变更，使当事人间的权利义务得以均衡和公平。在当事人行使变更权后，可使内容变更后的民事行为确定生效。这里的变更权也属于形成权，适用 1 年除斥期间的规定。

4. 效力待定的民事行为

效力待定的民事行为是指那些已经成立，但其效力尚处于不确定状态的民事法律行为。这类行为既非完全有效，亦非完全无效，其最终可能转变为有效的民事行为，也可能转变为无效的民事行为。其效力的最终确定，取决于享有决定权的第三人如何行使其权利。一旦确定有效，其效力自行为成立之时起便溯及既往；若确定无效，则该行为自始不发生效力。这与可撤销的民事行为存在显著区别，后者在撤销前被视为有效，而非处于效力不确定的状态。

效力待定的民事行为主要包括以下类型：

（1）限制民事行为能力人实施的依法不能独立实施的多方民事行为，特别是合同行为。这类行为在未经法定代理人追认前，其效力处于待定状态。若法定代理人及时追认，该行为即转为有效；若拒绝或未及时追认，则行为无效。为平衡各方利益，法律赋予了相对人催告权和撤销权。催告权允许相对人要求法定代理人在一定期限内对行为予以追认；撤销权则允许善意相对人在法定代理人追认前撤销其先前的意思表示。

（2）无权处分行为，即无处分权人擅自处分他人财产的行为。这类行为在未经权利人追认或取得处分权前，其效力亦属待定。若权利人追认或无权处分人事后取得处分权，则该行为有效；否则，行为自始无效。

（3）狭义的无权代理行为，即行为人没有代理权、超越代理权或代理权终止后仍以代理人身份进行的民事行为。这类行为同样需待有权人追认后方能确定其效力。无权代理行为包括根本未经授权的代理、超越代理权的行为以及代理权终止后的代理等情形。

5. 民事行为无效与被撤销的法律后果

有效的民事行为受法律保护，能够实现行为人所追求的法律效果。而民事行为绝对无效、被撤销或确定不发生效力后，从行为开始就没有法律效力。但是没有法律效力不等于没有任何法律后果产生，而是将产生以下三种法律后果。

（1）返还财产。如果当事人已经根据该民事行为取得了对方的财产，在民事行为绝对无效、被撤销或确定不发生效力后，其已经丧失了取得对方财产的法律根据。当事人因该民事行为取得的财产，应当返还给对方。如果是一方取得，取得方返还对方，如果是双方取得，则双方返还。返还财产的范围，应当以全部返还为原则。不能返还或者没有必要返还的，应当折价补偿。

（2）赔偿损失。民事行为绝对无效、被撤销或确定不发生效力后，如果无过错方遭受了财产上的损失，则有过错的一方应当赔偿对方因此所受的损失。双方都有过错的，应当各自承担相应的责任。

（3）追缴财产。民事行为绝对无效、被撤销或确定不发生效力后，如果双方恶意串通，实施民事行为损害国家、集体或者第三人利益的，应当追缴双方取得的财产，收归国家所有或者返还集体、第三人。此处"双方取得的财产"应当包括双方当事人已经取得和约定取得的财产。

第三节　民法典中的物权与物权法

一、民法典中的物权

（一）物权的基本概念

《中华人民共和国民法典》（以下简称《民法典》）第 114 条第 2 款规定，物权是权利人依法对特定的物享有直接支配和排他的权利，包括所有权、用益物权和担保物权。这一概念的含义包括以下四个方面：

第一，物权的权利主体。物权的权利主体是"权利人"，包括组织、个人、法人、私人、所有权人、用益物权人、担保物权人、集体经济组织以及国家等。只有这些"权利人"才享有对物的直接支配并排除他人干涉的权利，其他非"权利人"不享有这一权利。

第二，物权的客体。物权的客体主要是特定的有体物，包括动产和不动产。此外，还有建设用地使用权等不动产权利，以及票据权利、股权、债权、知识产权等动产权利。

第三，物权的性质。物权的性质包括直接支配性和排他性。直接支配性是指物权人可以直接支配特定的有体物的性质。排他性一方面是指物权具有不容他人侵犯的性质，另一方面是指同一物上不得同时并存两个以上性质和内容不相容的物权。

第四，物权的范围。物权的范围包括所有权、用益物权和担保物权。所有权又包括单独所有权、共同所有权和区分所有权。用益物权又包括土地承包经营权、建设用地使用权、宅基地使用权、居住权和地役权。担保物权又包括抵押权、质权和留置权。

（二）物权的效力分析

物权的效力，是指法律赋予物权的强制性作用力和保障力。它反映着物权的权能和特性，界定着法律保障物权人对标的物进行支配并排除他人干涉的程度和范围，集中体现着物权依法成立后所产生的法律效果。

1. 物权的排他效力

物权排他效力，是指在同一物之上，不允许存在两个以上同一性质或内容相冲突的物权。物权的排他效力主要体现在两个方面：一方面，同一标的物之上不得并存两个或两个以上所有权，因为所有权意味着对物的全面支配，所以一物之上只能有一个全面支配权存在。另一方面，同一标的物之上也不得并存两个或两个以上同一占有为内容的定限物权，如同一块土地上不得有两个或两个以上的建设用地使用权或土地承包经营权。值得注意的是，并非所有物权在成立时都具有排他性，如抵押权在成立时就具有相容性，但在实现时则展现排他效力。

（1）所有权之间的排他效力是绝对的，因为所有权代表了对物的全面支配。罗马法中的"一物一权"原则正是基于这一理念。需要澄清的是，共有并非所有权的并存，而是多个民事主体共同享有一个所有权。

（2）用益物权之间的排他效力原则上也是存在的。由于用益物权的成立通常以对物的占有为前提，因而同一块土地上不能同时存在多个相同性质的用益物权。然而，对于地役权这类特殊的用益物权来讲，其是否并存需根据具体情况来判断。有些地役权以占有为前提，而有些则不以占有为前提。对于后者，原则上可以并存。至于居住权，同一住宅的不同房间可以并存多个居住权，但同一房间的同一部分则不能并存。

（3）担保物权之间的排他效力较为复杂。抵押权可以并存，因为其成立不以占有抵押财产为前提。而动产质权和留置权则因以占有标的物为前提而不能并存。此外，动产抵押权与动产质权或留置权在特定情况下可以并存，因为抵押权不依赖于占有。权利质权与其他权利能否并存需根据权利质权的成立要件具体分析。

（4）所有权与定限物权之间在成立上不具有排他效力。所有权可以与用益物权或担保物权共存于同一物上。

（5）用益物权与担保物权之间的排他效力同样需要具体分析。一般而言，用益物权与抵押权可以并存，因为抵押权不以占有为前提。用益物权与动产质权、留置权之间则因客体性质不同而不存在排他性问题。

2. 物权的优先效力

（1）物权优先于债权的效力。物权优先于债权的效力，是指在物权的客体同时又是债的给付标的物时，无论物权成立于债权之先或之后，其效力均优先于债权。例如，在"一房二卖"的情形下，甲与乙先订立房屋买卖合同，并已将房屋交付乙占有、使用，但甲、乙并未办理房屋过户登记。后甲又与丙订立了房屋买卖合同，并办理了房屋过户登记。在此情形下，丙对房屋的所有权即优先于乙对房屋的合同债权，乙只能要求甲承担违约责任，而不能要求丙腾退房屋。

当然，物权优先于债权也存在例外。例如，在房屋租赁关系中，出租人将租赁物出卖给受让人时，受让人虽取得租赁物的所有权，但不能以该所有权对抗承租人的租赁权。也就是说，承租人的租赁权虽为债权，但具有优先于受让人的所有权的效力。这就是所谓的"买卖不破租赁"。

（2）物权相互之间的优先效力。物权相互之间的优先效力，是指在同一标的物上有不同性质或内容的物权并存时，成立在先的物权优先于成立在后先物权。这就是所谓的"先来后到"规则或"时间在先，权利在先"规则。物权相互之间的优先效力表现在以下两个方面：

第一，成立在先的物权的物权人优先享受其利益。例如，在同一不动产上先后设立了两个经登记的抵押权，则前一个抵押权将优先于后一个抵押权实现。

第二，成立在先的物权压制成立在后的物权。当后成立的物权害及先成立的物权时，后成立的物权将因先成立的物权的实行而被排斥或消灭。例如，建设用地使用权人在其建设用地使用权上为甲设定抵押权后，又为乙设定了地役权，则先成立的抵押权不受影响。抵押权人在实现抵押权时，可以无视地役权的存在，抵押物的价值不因地役权的设定而减损，后设定的地役权将因先成立的抵押权的实行而消灭。

同样，物权的"先来后到"规则也存在例外。后成立的物权也可以优先于先成立的物权，表现在以下四个方面。①定限物权优先于所有权。例如，在同一块土地上，虽然土地承包经营权、建设用地使用权等用益物权成立于所有权之后，但由于定限物权具有限制所有权的功能，故土地承包经营权人、建设用地使用权人等定限物权人仍可优先于所有权人行使权利。②如果法律明确规定了不同物权的先后顺序，则应依法律的规定处理。例如，《民法典》第456条规定，同一动产上已经设立抵押权或者质权，该动产又被留置的，留置权人优先受偿。③费用性担保物权优先于融资性担保物权。所谓费用性担保物权，是指以担保因保存或增加标的物的价值所生债权为目的的物权。所谓融资性担保物权，是指以担保因融资所生的债权为目的的物权。④基于公共利益或社会政策的理由，使得成立在后的物权优先于成立在先的物权。例如，海商法上的海事优先权即具有优先于船舶抵押权的效力。

3. 物权的追及效力

物权追及效力，是指不管物权的标的物辗转流入何人之手，除法律另有规定外，物权人均可追及其物而直接行使其物权。例如，当所有权人的财产被侵夺，该财产又被侵夺人转让给第三人时，则财产的原所有权人就可以对现实的财产占有人主张其物权，请求返还所有物。

承认物权的追及效力，虽然有利于加强对物权人物权的保护，却可能损及第三人的利益和交易安全。因此，各国和地区民法通常设立善意取得和时效取得制度，切断物权的追及效力，以维护善意第三人的利益和交易安全。

二、民法典中的物权法

依据《民法典》第 205 条的规定，物权法调整的范围是因物的归属和利用产生的民事关系。

（一）物权法的根本性质

1. 物权法为私法

法律，根据其调整的社会关系及利益属性的不同，可以划分为公法和私法。调整不平等主体之间的社会关系及公共利益的法律为公法，如行政法、刑法、诉讼法等；调整平等主体之间的社会关系及"私的"利益的法律为私法，如民法、商法。物权法是民法的组成部分，因而属于私法。物权法调整平等主体之间的财产关系，并以此区别于调整平等主体之间人身关系的身份法。物权法调整平等主体之间因财产的归属和利用而产生的民事关系，并以此区别于调整平等主体之间因财产流转而产生的民事关系的债法。

物权法虽然为私法，但是包含着大量的公法因素，具有较强的公法属性，如《民法典》关于基本经济制度的规定，关于国家所有权和集体所有权的规定，关于土地承包经营权、建设用地使用权的规定，关于征收、征用的规定等，都体现了物权法的公法属性。物权法具有较强的公法属性，是由我国实行土地公有制和物权的对世性所决定的。

2. 物权法为强行法

法律，以其绝对适用或相对适用为标准，可以划分为强行法与任意法。强行法指的是不论当事人的意愿如何，都必须无条件适用的法律；而任意法则是指其适用与否，可以根据当事人的自由意志来确定的法律。物权法，在原则上，属于强行法的范畴，其适用具有强制性。这是因为物权关系不仅关乎当事人的利益，还涉及第三方、国家乃至社会公共利益。

因此，物权法的大部分规范都属于强制性规范，不允许当事人通过自由意志排除其适用。物权法的这一特性是其与债法，特别是合同法之间的重要区别。债法规范，特别是合同法规范，主要关注当事人之间的利益，而不涉及第三方、国家和社会公共利益。因此，债法规范多数属于任意性规范，允许当事人根据自己的意愿选择是否适用。

然而，值得注意的是，物权法中也存在若干任意性规范。例如，关于设立土地承包经营权、居住权、地役权、抵押权、质权等方面的规范，都为当事人提供了在设立相关物权时的意思自治空间。这样的设计不仅有助于增强物权法的灵活性，也更好地适应了现实生活中的多样化需求。

3. 物权法为固有法

法律，以其是否为某个国家或地区所固有为标准，可以区分为固有法与非固有法。

（1）固有法。固有法是指为某个国家或地区所固有的法律，如物权法、亲属法、继承法等。固有法之所以为某个国家或地区所固有，是因为这些法律与某个国家、民族或地区的历史传统、国民性、价值观、伦理观、经济制度、生活方式等密不可分。就物权法而言，罗马法是与当时罗马城邦的简单商品经济的经济制度及与之相适应的生活方式密不可分的。法国物权法是与当时法国的自由资本主义经济制度及与之相适应的生活方式密不可分的。德国物权法是与当时德国的垄断资本主义经济制度以及与之相适应的生活方式密不可分的。《法国民法典》强调所有权绝对，《德国民法典》则强调所有权负有义务，就是物权法的固有法特性的表现。我国物权法也呈现出强烈的固有法特性，体现在土地的国家所有和集体所有、土地承包经营权、宅基地使用权，以及各种特许物权等方面。

（2）非固有法。非固有法是指不为某个国家或地区所固有的法律，如合同法、侵权法等。非固有法之所以不为某个国家或地区所固有，是因为这些法律或者是反映市场经济的基本要求，如合同法；或者是体现对人的生命、健康、自由的尊重和保护，如侵权法。不仅如此，在合同法领域，早已出现了法律规则的国际化现象，如广泛用于国际贸易领域的《联合国国际货物销售合同公约》就是例证。

（二）物权法的基本原则

物权法的基本原则作为指导物权立法、物权行使以及物权司法的基本准则，在民法体系中具有举足轻重的地位。这些原则是民法基本原则在物权法领域的具体展现，深刻体现了物权法的本质特征和核心精神。它们不仅反映了市民社会和市场经济的根本需求，而且明确表达了物权法的基本价值取向，为物权法的实践应用提供了高度抽象、最一般的行为规范和价值判断标准。可以说，物权法的基本原则是物权法的精髓所在。

我国 2007 年颁布的《物权法》明确规定了坚持基本经济制度、平等保护物权、物权法定、物权公示等基本原则。这些原则的确立既体现了我国社会主义市场经济的特色，又符合国际通行的物权法规范。而《民法典》物权编在继承《物权法》的基础上，对部分原则进行了调整。具体来说，《民法典》物权编去掉了"遵守法律和不违背公序良俗"这一原则。这是因为该原则作为民法的一项基本原则，已经在《民法典》的总则部分作出了明确规定，无需在物权编中重复。这样的调整，使得《民法典》物权编的原则体系更加精练、清晰，更有助于指导物权实践。

1. 坚持基本经济制度原则

《民法典》第 206 条规定，国家坚持和完善公有制为主体、多种所有制经济共同发展，按劳分配为主体、多种分配方式并存，社会主义市场经济体制等社会主义基本经济制度。国家巩固和发展公有制经济，鼓励、支持和引导非公有制经济的发展。

2. 平等保护原则

平等保护物权的原则，是指对所有合法取得的物权，均应给予同等的法律保护，不得有任何歧视或偏见。这一原则的核心在于确保他物权与所有权、私有物权与公有物权之间受到平等的法律待遇。在《民法典》中，第 206 条第 3 款明确指出国家实行社会主义市场经济，保障一切市场主体的平等法律地位和发展权利；而第 207 条则进一步规定，国家、集体、私人享有的物权和其他权利人享有的物权均受法律的平等保护，任何组织或个人不得侵犯。

确立平等保护原则的依据如下：

（1）平等保护是市场经济的基石。市场经济以交换和竞争为基础，要求每一个市场主体在法律面前享有平等的地位。只有确保物权的平等保护，市场主体才能积极参与市场竞争，从而推动经济的繁荣发展。

（2）平等保护是现实经济生活的必然要求。我国经济制度多元化，多种经济成分和分配方式并存。这种经济格局要求法律对各类物权给予平等保护，以维护社会经济的稳定与和谐。

（3）平等保护符合法律的基本精神。法律面前人人平等，这一原则同样适用于物权领域。任何物权不论其性质或来源如何，都应受到法律的平等保护，不得有任何特权或歧视。

3. 物权法定原则

物权法定原则又称物权法定主义，是指物权的种类和内容由法律统一规定，不允许当事人依自己的意志自由创设的法律原则。

《民法典》第116条规定，物权的种类和内容，由法律规定。据此，物权法定原则包括两个方面的内容。一是物权种类法定。据此，民事主体不得创设民法典或其他法律不认可的物权类型。对此，理论上称为"类型强制"。二是物权内容法定，指各种物权的内容由法律规定，当事人不得创设与法定内容不相符的物权。对此，理论上称为"内容固定"。

（1）物权法定原则的效果。当事人在设立物权时，如果违反了物权法定原则，应视具体情况产生不同的法律效果。①当事人约定的"物权"违反了法律关于物权种类的强制性规定，不能发生物权法上的效果，其设立的"物权"归于无效；②当事人约定的有关物权的事项在物权法上无明确规定时，视同违反法律的禁止性规定，应认定无效或不产生物权法上的效力；③当事人的约定部分违反物权法定原则，但不影响其他部分的效力的，其他部分仍可有效；④虽然物权的设立无效，但如果该行为符合其他法律规定的，可以产生相应的法律后果，如合同法上的效果。

（2）物权法定原则的缓和。我国《民法典》所规定的物权法定原则过于严格，应当予以适当的缓和。其理由如下：

第一，严格的物权法与私法自治原则相悖。物权法定原则要求一切物权都必须有国家法律的认可，与民法的私法自治原则相悖，不利于物权法与整个民法的协调统一。

第二，物权法定原则的缓和是经济和社会发展的需要。法律是为经济和社会发展服务的。物权法定原则的缓和，有利于较为明确地界分国家与市场主体各自的活动领域，使国家专注于宏观调控和适度的市场管理，而将搞活市场交给市场主体。适当放松物权法定原则，既有利于国家的管理，也有利于市场主体积极性的发挥，从而有利于经济和社会的发展。

第三，物权法定原则的缓和也是法律自身发展的需要。随着经济和社会生活的迅速发展，物的客体在迅速增加，与此相适应的物权的种类也应当不断增加。在此情形下，可以先通过司法实践确立新的物权类型，待条件成熟时，再在法律上予以确认。

4. 物权公示原则

物权公示原则，是指物权的得丧变更。应依法律的规定，此类情况采用能够为公众所知晓的外部表现形式公之于世。《民法典》第208条规定，不动产物权的设立、变更、转让和消灭，应当依照法律规定登记。动产物权的设立和转让，应当依照法律规定交付。

（1）物权公示原则的价值。

第一，明确物权归属，解决物权冲突。物权是一种排他性的支配权。物权的排他性要求任何人未经物权人允许，都无权支配物权标的物并享受其利益。同时，任何人也不得侵害物权人的支配利益。否则，物的支配秩序便无法建立，物权冲突便不可避免。因此，保证这种排他性的正当与公正得从物权的本质属性出发。物权作为绝对权和任何其他绝对权一样，容易受到来自不特定的其他人的侵害，因此，物权的排他性主要是要排除他人的侵权行为。侵权行为的一般构成要件包括主观过错，而主观过错的认定前提又在于注意义务的设置。注意义务设置的轻重将直接决定排他性的正当与否。而注意义务本身又是一个相当主观的问题，因而必须寻求一种客观的认定方式。

人类经过长期的探索和总结，终于找到了这样的认定方式，那就是动产的占有（交付）和不动产的登记。就动产来说，人们的一般生活经验是占有表彰物权，因而动产物权的公示方法是占有。在物权发生变动的时候，就要移转占有，即交付。就不动产来说，除事实物权之外，只有不动产登记簿所记载的权利人，才被推定为真正的权利人。这样，通过占有（交付）和登记，物权的定分止争功能便得到体现，物的支配秩序便得到维护。

第二，保护交易安全，维护交易秩序。市场经济本质上是一种以信用为基础的经济。但是，由于受到利益的驱使，市场主体可能不讲信用。而如果从事交易的市场主体不讲信用，任意出卖他人之物，便会给交易相对人带来不期的损害。如果交易相对人是善意的第三人，而蒙受不期的损害，那么便是不公平。

要保证不知情的人不受不期的损害，就必须找到一种合理的方法。这种方法要能够从客观上去判断交易当事人的主观心理状态。

交易在法律上表现为物权的移转。若要防止在物权移转中出现欺诈等行为，就必须以某种方式使交易双方能够充分了解交易客体的权属状况，了解物权状况的各种信息，包括权利人是否真正享有物权，物权的负担状况如何，物权的存续期限，等等。这便需要对物权的状态进行公示。而动产的交付和不动产的登记正好可以担当此任。因为动产的交付符合人们的一般交易常识符合人们的日常生活观念，而不动产登记实际上是以国家的信誉作为担保的，所以对于社会公众而言，具有最大的可信度。在此情形和保证下，物权变动变得清晰透明，让渡能够顺利有序地进行，由此便形成了真正的交易秩序，交易安全便得到保障。

第三，减少交易成本，提高交易效率。"市场经济是有效率的经济。"这一命题本身便包含了市场主体在交易过程中要尽量减少交易成本，提高交易效率的含义，而信息公开无疑将有助于这一目标的实现。物权公示制度正好满足了信息公开的要求。物权公示使物权信息完全公开，不仅为交易当事人提供了极大的方便，而且因为公示产生的公信力能够使相对人信赖登记的内容，从而不必在从事交易前投入极大的精力和费用去调查、了解对方当事人是否对转让的财产享有处分权，或被转让的财产是否设有负担等情况。这极大地减少了交易费用，提高了交易效率。

（2）物权公示的方法。各国和地区民法关于物权公示方法的规定大同小异，不外乎是动产的占有或交付和不动产登记两种基本类型。

第一，动产占有或交付。动产的占有是指对物的实际管领和控制；动产的交付是指占有的移转，即物的占有从一个人手中转移到另一个人手中。以占有（或交付）为物权的公示方法，古已有之。在古代，占有虽然主要是动产物权的公示方法，但是也是不动产物权的公示方法。到了近代，占有（或交付）开始成为动产物权的特有公示方法。《法国民法典》第 2276 条第 1 款规定，在动产方面，占有即等于所有权证书。现代各国民法继承了法国民法的做法，唯一例外的可能是中国所特有的典权。占有（或交付）作为动产物权的公示方法，可分别从静态和动态两个方面来理解。在静态方面，占有人即被推定为物权人；在动态方面，动产物权的转移以占有的移转，即以交付为标志。因此，占有是静态的公示方法，交付是动态（物权变动）的公示方法。但从本质上说，交付的公示方法实际上就是占有的公示方法。

第二，不动产登记。不动产登记是指经权利人申请，不动产登记机构将物权的设定、移转、变更和消灭等事项依法定程序记载于不动产登记簿上的事实。

（3）物权公示的效力。物权公示产生公信力。一般认为，物权公示产生以下两种效力。

第一，权利正确性推定效力，是指以法定公示方法公示出来的物权状态具有使社会一般人相信其是真实的、正确的物权状态的效力。对于动产，占有人被推定为所有权人。当然，也可能是质权人等他物权人。但是，由于占有仅仅是一种常见的社会事实，仅具有权利外表，占有人并不一定是真正的权利人。因此，《德国民法典》第1006条规定，只有为了动产占有人的利益，才将占有人推定为动产的所有权人。对于不动产，登记簿中记载的权利人被推定为权利人。基于公示推定力，具有权利外观之人不用证明自己权利的真实性，从而减轻了其证明负担。因此，推定力属于移转举证责任的程序性规范。既然推定力导致举证责任倒置，说明"推定"并非"确定"，权利外观并不必然对应着真实的权利本身，其还有被推翻的可能，提出相反主张之人可以借助证据推翻法律通过权利外观而对权利所作的初始配置。

第二，善意保护效力，是指法律对因信赖物权公示而从公示的物权人处善意取得物权的第二人，给予强制保护，使其免受任何人追夺的效力。善意保护效力源于权利正确性推定效力，因为权利正确性推定效力赋予了第三人对于以公示方法公示出的物权状态的合理信赖。善意保护效力的目的是保护善意第三人的利益，维护交易安全。

第四节　民法典中的所有权、共有与相邻关系

一、民法典中的所有权

（一）所有权的特性

"《民法典》作为我国第一部法典化的法律，既是我国法治建设的重大成果，也是对当下中国特色、时代特点、人民意愿的具体体现。"[1] 依据《民法典》第240条的规定，所有权是指所有权人依法享有的对自己的不动产或动产进行占有、使用、收益和处分的权利。与他物权相比，所有权具有以下四个特性。

---

[1]　宫秀花.《民法典》民事权利的基本保障和重要遵循 [J]. 法制与社会，2021（7）：5-6.

第一，完全性。所有权的完全性意味着所有权人在法律允许的范围内，可以全面、概括地支配其所有物，既可以支配物的使用价值，也可以支配物的交换价值。因此，所有权被视为完全物权。与所有权不同，他物权仅对标的物的使用价值或交换价值具有支配权，属于一面的支配权。

第二，整体性。所有权的整体性表明它并非占有、使用、收益和处分等权能的简单总和，而是一个不可分割的整体权利。在所有权上设立用益物权或担保物权，并非让渡所有权的一部分，而是创设一个新的、独立的物权。

第三，弹力性。所有权的弹力性意味着其权能可以根据需要自由伸缩。当在所有权上设立限制物权时，所有权人的全面支配权会受到限制，但这种限制一旦解除，所有权人便能恢复对所有物的全面支配。而他物权的权能则不具备这样的伸缩性。所有权的这种特性对于最大化发挥所有物的效用具有重要意义。

第四，恒久性。所有权的恒久性表明，只要所有物存在，所有权就会永久存续，没有预定的存续期间。因此，所有权是无期限的物权。而他物权则通常有明确的期限。需要注意的是，所有权的恒久性并不意味着它永远不会消灭，而是指其不存在预定的存续期间。

（二）所有权的类型

1. 依据所有权主体划分

（1）国家所有权。国家所有权是指国家对国有财产即全民所有财产所享有的所有权。

（2）集体所有权。集体所有权是指劳动群众集体组织依法对集体财产所享有的所有权。

（3）私人所有权。私人所有权是指私人对其合法的收入、房屋、生活用品、生产工具、原材料等所享有的所有权。

区分国家所有权、集体所有权和私人所有权的意义在于：对国家所有权、集体所有权和私人所有权进行有针对性的分类规定、分类保护。

2. 依据所有权主体数量划分

（1）单独所有权。单独所有权是指由一个民事主体对特定的物所享有的所有权。

（2）共同所有权。共同所有权是指由两个以上的民事主体对特定的物所享有的所有权。

（3）区分所有权。区分所有权是指业主对区分所有建筑物的专有部分所享有的专有权以及对共有部分所享有的共有权和管理权。

区分单独所有权、共同所有权、区分所有权的意义在于：由于单独所有权只有一个权利主体，因此不存在主体之间的内部关系。由于共同所有权有两个以上的权利主体，因此存在着主体之间的内部关系。区分所有权主体之间的关系更为复杂，不仅存在着相邻关系和共有关系，还存在着共同管理关系。

3. 依据所有权客体划分

（1）动产所有权。动产所有权是指以动产为客体的所有权。

（2）不动产所有权。不动产所有权是指以不动产为客体的所有权，包括土地所有权和建筑物所有权等。

动产所有权与不动产所有权的不同主要有：①取得方式不尽相同。例如，先占可以作为动产所有权的取得方式，但不能作为不动产所有权的取得方式。②物权变动的公示方式不同。动产所有权的变动以交付为公示方式，而不动产所有权的变动则以登记为公示方式。③法律对二者的限制程度不同。一般来说，法律对不动产所有权的限制较多，而对动产所有权的限制较少。

（三）所有权的内容

所有权作为所有权人对所有物的全面支配权，并非是抽象概念，而是需要通过一系列具体的措施和手段得以实现。这就涉及所有权的内容和权能问题。所有权的内容，也被称为所有权的权能，它代表了所有权人在法律规定的范围内，为利用所有物并实现其独占利益，所能采取的各种措施与手段。

在民法理论中，所有权的权能被细分为积极权能和消极权能两类。积极权能指的是所有权人主动行使的，对所有物进行占有、使用、收益和处分的权利；而消极权能则是指所有权人对于他人非法干涉其所有权的行为，享有的排除妨害和请求保护的权利。

具体到民事立法上，《民法典》第 240 条明确列举了所有权的四项积极权能，包括占有、使用、收益和处分。这些权能构成了所有权人对其所有物的全面支配的基础。而《民法典》第 114 条第 2 款则揭示了所有权的消极权能，即所有权人有权请求排除他人对其所有物的非法干涉和侵害。

1. 积极权能

依据《民法典》第 240 条的规定，所有权的积极权能包括占有权能、使用权能、收益权能和处分权能。

（1）占有权能。占有权能是指所有权人对所有物在事实上管领、控制的权能。占有权能既是所有权人对所有物进行现实支配的前提和基础，又是所有权人支配其所有物的直观表现。占有权能作为所有权的一项独立权能，在一定条件下可以与所有权相分离，依所有权人的意思或法律的规定交由他人行使。当占有权能与所有权分离而属于非所有权人时，非所有权人享有的占有权同样受法律保护，所有权人不得随意请求返还原物、恢复对所有物的占有。

（2）使用权能。使用权能是指所有权人依所有物的性能或用途，在不毁损所有物或变更其性质的前提下对其所有物加以利用，以满足生产和生活需要的权能。使用权能是所有权人对标的物实行事实上的支配的权能，其本质是对所有物使用价值的利用。使用权能的行使以对标的物的占有为前提，享有物的使用权能须同时享有其占有权能。但在某些情形下，享有物的占有权能并不一定享有其使用权能。使用权能可以与所有权发生分离，即物的使用权人可以依照法律的规定或者与所有权人的约定，取得物的使用权能。

（3）收益权能。收益权能是指收取所有物的孳息的权能。在市场经济条件下，收益权能已成为所有权各项权能中最重要的权能。收益权能可以与所有权发生分离，且分离的形式已日益呈现出多样化的趋势。由于收益权能既是所有权的权能之一，也是用益物权的权能之一，因此二者可能发生冲突。对此，《民法典》第 321 条第 1 款规定，天然孳息，由所有权人取得；既有所有权人又有用益物权人的，由用益物权人取得。当事人另有约定的，按照其约定。

（4）处分权能。处分权能是指依法对所有物进行处置、决定其命运的权能。处分权能是所有权最基本的权能，是所有权的核心内容。处分包括事实上的处分和法律上的处分。前者是指对所有物进行物理上处置的事实行为，如消费产品、拆除房屋等。后者是指实施使标的物的所有权发生变动的民事法律行为，如通过买卖移转标的物所有权，通过合同设定抵押权或质权等。处分权能通常由所有权人行使，非所有权人只有在法律有特别规定或者当事人有特别约定时，才能处分他人所有的财产。

2. 消极权能

所有权的消极权能又称"排除他人干涉"的权能，是指所有权人有权排斥并除去他人对所有物的不法侵夺、妨害或干扰。所有权的消极权能是所有权绝对性的体现，也是实现所有权各项积极权能的必要条件。鉴于排除他人干涉的权能只在所有权受到他人不法干扰、妨害或侵夺时，始能表现，否则仅隐而不彰，故称之为"消极权能"。消极权能的行使主要是通过行使物上请求权实现的。

二、民法典中的共有

依据《民法典》第 297 条的规定，共有是指两个以上的民事主体（组织、个人）对同一项财产（不动产或者动产）共同享有所有权，包括按份共有和共同共有。对同一项财产共同享有所有权的组织或者个人为财产共有人，该同一项不动产或者动产为共有财产（又称"共有物"）。各共有人因共有而形成的权利义务关系为共有关系。共有与公有、总有有所不同。共有是指一种所有权形态。公有是与私有相对应的概念，是一种社会经济制度。总有是指社团财产的归属,如公司的财产属于公司,而不是股东按份共有。

共有的性质为所有权的联合,而非一种独立的所有权类型。所有权的联合包括同种类所有权的联合和不同种类所有权的联合。前者主要指私人与私人的共有,如夫妻共有、家庭共有、合伙人共有等;后者主要指私人与国家的共有,如共有产权房等。

(一)共同共有

共同共有,是指共有人基于共同关系,对共有财产不分份额地享有权利、承担义务的共有。

1. 共同共有的主要特征

共同共有具有以下特征:

(1)共同共有是不分份额的共有。《民法典》第299条规定,共同共有人对共有的不动产或者动产共同享有所有权。可见,共同共有人对共有财产没有份额之分,不存在应有部分。在共同共有关系存续期间,共同共有人不能对共同共有财产确定份额。只有在共同共有关系终止而分割共有财产时,才能确定各自的份额。因此,在共同共有关系存续期间,部分共有人擅自划分份额,处分共有财产的,一般应认定为无效。

(2)共同共有的发生以共有人之间存在共同关系为前提。所谓共同关系,是指两个以上的民事主体因共同目的而结合,成立具有共同共有基础的法律关系,主要包括家庭关系和夫妻关系。《民法典》第308条规定,共有人对共有的不动产或者动产没有约定为按份共有或者共同共有,或者约定不明确的,除共有人具有家庭关系等情况外,视为按份共有。

(3)共同共有人对共有财产平等地享有权利和承担义务。在共同共有关系中,各共有人对共有财产享有平等的占有、使用、收益与处分的权利,同时各共有人对共有财产也承担平等的义务。例如,因对共有财产进行维护、修缮保管、改良所支出的费用,应由各共有人共同承担。

2. 共同共有的内部效力

共同共有的效力,是指共同共有人之间以及共同共有人与第三人之间的权利义务关系。前者为共同共有的内部效力，后者为共同共有的外部效力。

共同共有的内部效力也称共同共有的内部关系，是指共同共有人之间的民事权利义务关系。

（1）共同共有关系的维持。共同共有关系一般发生在夫妻之间、家庭成员之间或者继承人之间。他们之间均具有一定的身份关系，共同共有人既要受产生该共同关系的法律的限制，也要受伦理的约束。共同共有人一般不得要求确认或分出自己的应有部分，也不得请求分割共有财产，以维持共同共有关系。

（2）共同共有财产的管理。《民法典》第300条规定，共有人按照约定管理共有的不动产或者动产；没有约定或者约定不明确的，各共有人都有管理的权利和义务。第301条规定，对共有的不动产或者动产作重大修缮的，应当经全体共同共有人同意，但是共有人之间另有约定的除外。

（3）共有财产的使用和收益。由于共同共有基于共同关系而发生，因此各共有人对于共有财产的全部享有平等的使用、收益权。在共同共有关系存续期间，不得擅自变更共有财产的性质或用途，如果需要变更共有财产的性质或用途，依据《民法典》第301条的规定，应当经全体共同共有人同意，但是共有人之间另有约定的除外。

（4）共同共有财产的处分。依据《民法典》第301条的规定，共有人处分共同共有财产应当经全体共同共有人同意，但是共有人之间另有约定的除外。据此，除非共有人之间另有约定，否则在共同共有关系存续期间，部分共有人不得擅自处分共有财产，发生擅自处分的一般应认定该处分行为无效。

（5）共同共有人的物上请求权。共同共有人享有同所有权人一样的物上请求权，包括所有物返还请求权，妨害排除请求权、妨害预防请求权、恢复原状请求权、占有保护请求权等。

3. 共同共有的外部效力

共同共有的外部效力又称共同共有的外部关系，是指共同共有人与第三人之间的民事权利义务关系。

（1）共同共有人对第三人的物权请求权。共同共有人可以单独对第三人主张各种物权请求权，包括应有部分的确认请求权以及共有财产的返还请求权、排除妨害请求权、消除危险请求权等。

（2）共同共有人对第三人的责任承担。依据《民法典》第307条的规定，因共有的不动产或者动产产生的债权债务，在对外关系上，共有人享有连带债权、承担连带债务，但是法律另有规定或者第三人知道共有人不具有连带债权债务关系的除外。据此，共同共有人在对外关系上，就共有财产产生的债权债务，享有连带债权，承担连带债务。应当注意的是，《民法典》第307条中"法律另有规定或者第三人知道共有人不具有连带债权债务关系的除外"，是针对按份共有作出的规定，不适用于共同共有。所谓共同共有人对第三人的责任，是指基于共同共有财产所产生的责任，如共同共有的房屋倒塌致人损害的责任、家庭饲养动物致人损害的责任等，但不包括共同共有人本人所造成的对他人损害的责任，如在夫妻关系中，丈夫打伤他人所应当承担的责任。该责任应由加害人丈夫自己承担，而不是由夫妻二人共同承担连带责任。当然，赔偿金有可能从夫妻共同财产中支付，但这不是连带责任。

（3）承担部分共有人擅自处分共有财产的法律后果。在共同共有关系存续期间，部分共有人擅自处分共有财产的，一般应认定无效。但是，第三人善意、有偿取得该财产的，则应维护善意第三人的利益，使善意第三人取得该财产的物权。至于其他共有人的损失，应由擅自处分共有财产的人赔偿。《民法典婚姻家庭编司法解释（一）》第28条规定，一方未经另一方同意出售夫妻共同所有的房屋，且第三人善意购买、支付合理对价并已办理不动产登记，另一方主张追回该房屋的请求，人民法院不予支持。一方擅自处分共同所有的房屋造成另一方损失，离婚时另一方请求赔偿损失的，人民法院应予支持。

（二）按份共有

1. 按份共有的主要特征

按份共有又称分别共有，是指共有人按照确定的份额对共有财产分享权利、分担义务的共有。按份共有具有以下特征：

（1）按份共有人对共有财产存在一定的应有部分。《民法典》第298条规定，按份共有人对共有的不动产或者动产按照其份额享有所有权。可见，按份共有人对共有财产存在一定的应有部分。

（2）按份共有人对其应有部分享有相当于所有权的权利。按份共有人虽然按照应有部分的比例分享权利、分担义务，但按份共有人对其应有部分享有相当于所有权的权利。因此，在法律或共有协议未作限制的情况下，按份共有人随时都可以要求分出或转让其份额。在按份共有人死亡时，其继承人有权继承其应有的部分。

（3）按份共有人的权利、义务及于共有财产的全部。虽然按份共有人是按照自己的应有部分享有权利、承担义务，但是由于应有部分只是所有权的量的分割而非共有财产的量的分割，因此按份共有人并不是就共有财产的各特定部分享有权利、承担义务，而是就自己的份额比例对整个共有财产享有权利、承担义务。

2. 按份共有的内部效力

按份共有的效力，是指按份共有人之间以及按份共有人与第三人之间的权利义务关系。前者为按份共有的内部效力，后者为按份共有的外部效力。

按份共有的内部效力又称按份共有的内部关系，是指按份共有人相互之间的法律关系，涉及按份共有人之间的权利和义务。其主要内容如下：

（1）应有部分。应有部分又称持分比例，是指按份共有人对共有财产所有权的比例，或共有人对共有财产所有权在量上应享的份额。

关于应有部分的性质，目前业界主要有五种不同的观点。①实在的部分说认为，共有人分别共有财产，确有实在的部分存在，各共有人在其实在的部分上，各享有一个所有权。②理想的分割说认为，各共有人分别就想象部分在共有财产上的分割，各享有一个所有权。③内容的分属说认为，所有权的种种权能，可分别由不同共有人享有。④计算的部分说认为，所有权有金钱计算的价格，各共有人按其价格比例享有之。⑤权利范围说认为，同一财产由数人共有其所有权，为避免权利行使的冲突，不得不确立一定的范围，以使各共有人在其权利范围内行使权利。这里所说的权利范围，就是各共有人的应有部分。上述观点中，权利范围说为通说。

对于应有部分的确定，一般应依共有人的意思而定。但是，依据《民法典》第309条的规定，如果按份共有人对共有的份额没有约定或者约定不明确的，则应当按照出资额确定；不能确定出资额的，视为等额享有。

（2）按份共有财产的管理。我国《民法典》第300条规定，共有人按照约定管理共有的不动产或者动产；没有约定或者约定不明确的，各共有人都有管理的权利和义务。实践中，共有财产的管理包括共有财产的保存、改良和利用。

共有财产的保存，是指以防止共有财产毁损、灭失或其权利丧失、限制等为目的而维持其现状的行为。由于共有财产的保存对全体共有人均有利无害，且多须急速为之，故大多数大陆法系国家和地区的民法规定，在此场合，共有人可以不问其他共有人的意思而单独为之。即使为保存行为的共有人因保存的结果而获得较大的利益的，也属无妨。如共有人的管理行为构成保存行为，由此而支出的费用，可以向其他共有人求偿；否则，应由管理人自行承担。

属共有财产的保存行为有：①对共有财产进行简易修缮，如共有房屋漏雨而用柏油补漏，门窗玻璃破碎予以修换等；②共有财产如为易腐之物，如水鲜等，共有人为保全其价值而予以变卖；③中断消灭时效的行为，如使义务人承认或就共有的不动产为保存登记等。

共有财产的改良，是指不变更共有财产的性质而增加其效用或价值的行为，如装修共有房屋以增加其价值，优化共有机器设备的效能等。与保存行为相比，改良行为不具有紧迫性与特别必要性；与处分行为相比，改良行为的影响又没有那么重大。因此，对共有财产的改良一般不需要征得全体共有人同意。但是，依据《民法典》第301条的规定，对共有财产作重大修缮的，应当经占份额三分之二以上的按份共有人同意，共有人之间另有约定的除外。所谓重大修缮，是指不改变物的性质的前提下，显著增加其效用或价值的行为。例如，改建、重建共有房屋。

共有财产的利用，是指以满足共有人的共同需要为目的而决定共有财产使用、收益的方法的行为，如将共有房屋出租给他人居住等。与保存行为相比，共有财产的利用不具有防止共有财产毁损、灭失的目的和功能；与改良行为相比，共有财产的利用不增加共有财产的效用或价值，也不改变共有财产的性质和用途；与处分行为相比，共有财产的利用不涉及共有财产权利的移转，不增加共有财产的负担。因此，对共有财产的利用一般也不需要征得全体共有人同意。但是，依据《民法典》第301条的规定，变更共有财产的性质或者用途的，应当经占份额三分之二以上的按份共有人同意，但是共有人之间另有约定的除外。所谓变更共有财产的性质或者用途，是指将住宅变更为非住宅、私家车辆变更为营运车辆等行为。

（3）按份共有财产的使用和收益。在按份共有中，共有人按其应有部分对共有财产的全部享有使用、收益的权利，主要体现在以下三个方面。

第一，无论应有部分的多少，各共有人对共有财产的全部均有使用、收益权。所谓使用，是指不毁损共有财产的形态或变更其性质，依照共有财产的本来用途加以利用以满足生产、生活的需要。所谓收益，是指收取共有财产的天然孳息或法定孳息。

第二，共有人对共有财产的使用、收益权要受其他共有人应有部分的限制，并不得损害其他共有人的利益。

第三，共有人的共有权如被其他共有人否认或侵夺，该共有人可以提起确认之诉或回复之诉。共有人未经协议或未获其他共有人的同意而径直对共有财产的全部或一部分任意加以占有、使用、收益的，视为对其他共有人共有权的侵害，其他共有人可依情形分别行使请求权以资救济。①可依物权请求权请求该共有人除去妨害或返还其占有的共有财产；②可依侵权行为的规定请求损害赔偿；③在该共有人享有利益时，可依不当得利的规定请求返还其所受的不当利益。

（4）按份共有财产的处分。共有财产的处分包括事实上的处分与法律上的处分。《民法典》第301条规定，处分共有财产，应当经占份额三分之二以上的按份共有人同意，但是共有人之间另有约定的除外。

（5）按份共有财产的费用负担。关于共有财产的费用负担，多数大陆法系国家和地区的民法采用分担原则，即各共有人按其应有部分的大小分别负担管理费用。按份共有人既然按其应有部分就共有财产享有权利，就应当依其应有部分对共有财产负担义务。《民法典》第302条规定，共有人对共有物的管理费用以及其他负担，有约定的，按照其约定；没有约定或者约定不明确的，按份共有人按照其份额负担，共同共有人共同负担。

3. 按份共有的外部效力

按份共有的外部效力又称按份共有的外部关系，是指按份共有人与第三人之间的法律关系，即按份共有人与第三人之间的权利义务关系。主要包括以下两项内容：

（1）按份共有人对第三人的物权请求权。按份共有人就其应有部分享有的权利被称为持分权（又称份额权），该权利是相当于所有权的权利。按份共有人基于该持分权可以对第三人单独主张各种物权请求，包括应有部分的确认请求权以及共有财产的返还请求权、排除妨害请求权、消除危险请求权等。具体而言：①应有部分的确认请求权。按份共有人因应有部分的归属与第三人发生争议时，可以提起应有部分的确认之诉，请求法院确认自己对应有部分的权利。②返还财产请求权。当共有财产被他人非法侵夺时，按份共有人可以主张返还财产请求权，请求第三人返还共有财产。③排除妨害请求权。当第三人对共有财产实施妨害行为时，按份共有人可以请求排除第三人对共有财产的妨害。④消除危险请求权。当共有财产有被第三人妨害的危险时，按份共有人可以主张妨害预防请求权，请求第三人消除危险。应当注意的是，按份共有人的返还财产请求权、排除妨害请求权和消除危险请求权，是针对全部共有财产的，而不是仅仅针对其应有部分的。

（2）按份共有人对第三人的责任承担。《民法典》第307条规定，因共有的不动产或者动产产生的债权债务，在对外关系上，共有人享有连带债权、承担连带债务，但是法律另有规定或者第三人知道共有人不具有连带债权债务关系的除外。据此，原则上，按份共有人在对外关系上，就共有财产所产生的债权债务，享有连带债权，承担连带债务。就共有财产产生的债务而言，按份共有人对外负连带清偿责任。例如，按份共有建筑物倒塌致他人损害的，按份共有人须承担连带责任。但是，在法律另有规定或者第三人知道共有人不具有连带债权债务关系的情况下，按份共有人对第三人只承担按份责任。所谓"第三人知道共有人不具有连带债权债务关系"，是指第三人知道共有人约定就共有财产所产生的对外债务实行按份清偿的情形。"第三人知道"的举证责任由按份共有人承担。应当注意的是，所谓"第三人知道"，仅指第三人"明知"，不包括"应当知道"。当然，偿还债务超过自己应担份额的按份共有人，有权向其他共有人追偿。

三、民法典中的相邻关系

（一）相邻关系的法律特征

第一，相邻关系的发生基于不动产相邻的事实。这种关系仅存在于两个或更多不动产相邻的情况下，无不动产的相邻则不存在相邻关系。这是相邻关系与地役权的主要区别：尽管地役权往往因不动产相邻而产生，但其发生并不绝对依赖于不动产的相邻性，即使不动产相距甚远，也可能产生地役权。

第二，相邻关系的主体是"不动产的相邻权利人"。这些权利人主要指相邻不动产的物权人，涵盖所有权人和使用权人。

第三，相邻关系的客体是行使不动产权利时所涉及的利益。关于相邻关系的客体，民法学界存在不同观点，但主流观点是"利益说"。这是因为相邻关系作为物权法上的一项制度，其核心在于解决不动产权利行使过程中的利益冲突，而非不动产本身或行为本身的问题。因此，相邻关系的客体应理解为相邻各方在行使不动产权利时所体现的利益。

第四，相邻关系是根据法律规定直接产生的。这意味着相邻关系并非基于当事人之间的约定，而是由法律直接规定。相邻关系作为法律对不动产权利人之间利益冲突进行调和的一种手段，是对所有权的一种限制，是所有权制度的重要组成部分。

（二）相邻关系的基本内容

相邻关系的基本内容是相邻一方要求他方为自己行使不动产权利提供必要便利的权利，并且他方应当给予这种必要方便的义务。

1. 相邻一方的权利与义务

（1）相邻一方的权利。相邻一方在行使自己的不动产权利时，如果涉及相邻他方的不动产，则相邻一方有权要求相邻他方的不动产权利人提供这种便利。所谓必要的便利，是指相邻一方非从相邻他方获得这种便利，便无法行使其不动产权利；当相邻一方获得此种便利后，其不动产权利便得到延伸，从而使其能够顺利行使自己的不动产权利。例如，相邻一方因通行、用水、排水等需要利用相邻他方的土地的，有权要求相邻他方提供必要的便利；相邻一方因建造、修缮建筑物以及铺设管线等必须利用相邻他方的土地或建筑物的，有权要求相邻他方提供必要的便利等。

（2）相邻一方的义务。相邻一方的义务主要有三项：①不作为义务，如相邻一方建造建筑物的，不得妨碍相邻建筑物的通风、采光和日照；②最小损害义务，如不动产权利人因用水、排水、通行、铺设管线等利用相邻不动产的，应当尽量避免给相邻的不动产权利人造成损害；③损害赔偿义务，如不动产权利人因用水、排水、通行、铺设管线等需要利用相邻不动产的，给相邻不动产权利人造成损害的，应当给予赔偿。

2. 相邻他方的权利与义务

（1）相邻他方的权利。对应于相邻一方的权利损害赔偿义务，相邻他方享有损害赔偿请求权。当相邻一方因用水、排水、通行、铺设管线等利用其不动产而给相邻他方造成损害时，相邻他方有权依法要求相邻一方给予相应的赔偿。

（2）相邻他方的义务。对应于相邻一方的权利，相邻他方的主要义务是为相邻一方行使不动产权利提供必要的便利。这种提供便利的义务通常表现为对相邻一方行为的不作为容忍义务。在判断相邻他方是否应负容忍义务时，关键标准在于是否存在"实质性妨害"。若相邻一方的行为对相邻他方行使权利不构成实质性妨害，即不影响或破坏相邻他方对不动产在法律上或事实上的正常处分，相邻他方便有容忍的义务。实质性妨害的判断应基于理性正常人的视角，并综合考虑生活习惯、被妨害不动产的用途等因素，以评估妨害的程度和持续时间。

此外，在评估容忍义务时，还需考虑不动产权利所体现的价值。若相邻一方的行为构成对相邻他方的实质性妨害，则相邻他方不再负有容忍义务，因为此时已构成侵权行为。然而，在以下两种特殊情况下，相邻他方仍需履行容忍义务。①当地的通行做法，即不动产权利人扩张权利的行为在当地是被普遍接受和认可的，而非个别权利滥用；②无可替代方法，即不动产权利人扩张权利的方式是唯一的，没有其他可替代的方法。若存在其他可替代方法，则相邻他方无须容忍。

第五章 国际法与国际私法

第一节 国际法的特征与原则

一、国际法的基本特征

国际法，亦称国际公法，是调整国际关系的，以国际条约和国际习惯为主要表现形式的有拘束力的原则、规则和制度的总称。其主要特征如下：

（一）主体主要是国家

国际法的主体主要是国家，其调整对象主要是国家之间形成的国际关系。传统国际法的主体只是国家，但现代国际法的主体除了国家之外，在一定条件下和一定范围内还包括国家参加的国际组织及类似国家的政治实体。因此，国际法以国际关系为调整对象，其中主要调整的是国家之间的各种权利义务关系。

（二）制定者主要是国家

国家在平等的基础上通过协议或认可确立国家之间应共同遵守的规则。因此，在法律的拟订方面，国际法与国内法存在差异。国际社会没有一个统一的最高立法机关制定法律，国际法是国际社会中具有平等地位的各国，在相互协议的基础上逐渐形成的。无论是国际条约还是国际习惯，都必须经过主权国家的同意才能生效。

（三）国际法与国内法在法律的强制实施方面不同

国内法是依靠有组织的国家强制机关来保证其实施，但国际法的实施却没有凌驾于国家之上的有组织的强制执行机关与监督机关来保证其实施。然而，国际法并不是没有强制力，国际法的实施主要凭借国家本身的力量。国际争议亦须通过谈判、协商、调停、国际仲裁机构仲裁或国际法院判决等方式解决。根据联合国的实践，国际法的强制性主要由各国单独行动和集体行动体现。

由此可见，国际法是法律的一个特殊体系，或者说，是法的一个特殊部门。

二、国际法的原则

国际法的原则，是指被各国公认的、具有普遍效力并构成国际法基础的、具有强行法性质的原则。综观《联合国宪章》《国际法原则宣言》和其他国际文件的规定以及我国倡导的和平共处五项原则，国际法的基本原则主要有以下五项。

（一）不干涉内政

内政是指纯属国家主权范围内管辖的、不涉及国际事务的事项。依国家主权平等独立原则，国家彼此无管辖和支配的权力，当然排除一国干涉他国的内部管辖事项。

（二）互不侵犯

《联合国宪章》所规定的不侵犯原则，是指禁止使用武力或以武力相威胁或以与联合国宗旨不符的方法侵犯他国的主权、领土完整和政治独立；侵略行为取得的任何领土或特殊利益，均不得也不应承认为合法；不得以战争作为解决国际争端的手段；侵略战争构成国际犯罪，国家应负国际法上的责任。

（三）国家主权平等

所谓主权，是指国家享有的对内最高统治权和对外独立权。国家平等原则，是指主权国家无论大小、强弱、贫富、人口多寡，其在国际法律关系中地位完全平等。它们平等地承受国际法上的权利和义务，平等地承担国际法律责任。

主权平等原则要求国家在处理国际关系的任何领域都应尊重别国主权、政治独立和领土完整，平等地对待他国，不得以大压小、以强凌弱、侵犯他国主权。这项原则是最重要的国际法基本原则，并引申出国际法的其他基本原则。

（四）善意履行国际义务原则

善意履行国际义务原则，就是要求各国必须自觉地、诚实友好地、严格全面地履行国际法律义务，无论此义务是源于条约抑或其他国际法渊源。善意履行国际义务原则是由条约必须信守这一古老的国际习惯规则发展而来的。《联合国宪章》规定其为一项各国均应遵守的国际法原则。

（五）和平解决国际争端

和平解决国际争端原则是互不侵犯原则的引申，它要求国家之间的争端应以和平方法解决，不得诉诸威胁或使用武力以及其他非和平的方法，以避免危及国际和平与安全。《联合国宪章》把和平解决国际争端确定为一项必须遵守的国际法原则。

第二节　国际法的制度与类型

一、国际法的基本制度

（一）条约法

国际法是指规范国家行为和国家之间关系的法律体系。在这个复杂而多样的领域中，条约法是其中最为重要的制度之一。通过国家间签订的条约，国际社会确立了法律上的义务和权利。条约在国际法中起着至关重要的作用，不仅为国家之间的关系提供了法律框架，而且是国际法的主要来源之一。

条约法的重要性主要体现在以下三个方面：

首先，条约是由国家间自愿达成的法律协议，因而具有高度的法律约束力。通过签署和批准条约使各个国家承诺遵守其中规定的义务，并享有相应的权利。这种自愿性和约束力使得条约成为国际关系中最为稳固和可靠的法律机制之一。

其次，条约涵盖了各个领域的法律规定，包括但不限于和平与安全、贸易与投资、环境保护、人权等。例如，《联合国宪章》是国际法中的核心条约之一，确立了维护国际和平与安全的基本原则，规定了国家的权利和义务。而《世界贸易组织协定》则是国际贸易领域的重要条约，规定了各国在贸易和投资方面的行为准则。

最后，条约的灵活性和适应性也使其成为国际法的重要组成部分。随着国际社会的发展和变化，各国可以通过修订、更新或补充条约来应对新的挑战和问题。这种灵活性使得条约法能够与时俱进，不断适应国际社会的发展需要。

（二）一般原则法

在国际法的广泛体系中，一般原则法扮演着重要的角色。这些法律原则不是通过明确的条约形式确立的，而是被视为普遍适用于国际社会的基本法律准则，包括但不限于公平原则、契约精神等。

首先，公平原则是一般原则法中的重要组成部分。它强调在国际关系中应当保持公正、公平和平等，确保各国在国际事务中的权利和利益得到尊重和保护。公平原则体现了国际社会对于正义和公正的共同追求，为国际法的发展和适用提供了基本指导。

其次，契约精神是一般原则法的重要内容之一。契约精神强调国家之间签订的条约和协定应当得到诚实履行和遵守。这意味着各国应当按照条约的规定行事，并尽力避免违反条约义务。契约精神的遵守有助于维护国际社会的稳定和秩序，增强国家之间的信任和合作。

最后，除了公平原则和契约精神外，一般原则法还涵盖了其他重要的法律原则，如善意原则、禁止滥用权力原则等。这些原则在国际法中发挥着重要的作用，为国际社会的互动提供了基本准则和规范。

一般原则法的适用范围广泛，涵盖了国际关系中的各个领域。例如，在国际贸易和投资领域，公平原则和契约精神被视为基本法律原则，为各国间的贸易和投资活动提供了公平和稳定的法律环境。在国际人权和人道主义法领域，一般原则法也起着重要的作用，确保对人权的保护和人道主义原则的尊重。

（三）国际司法实践

国际法庭和仲裁机构的裁决和判例在国际法体系中具有重要意义。它们为国际法的适用和发展提供了重要的指导和参考。

首先，国际法庭和仲裁机构的裁决和判例具有权威性和约束力。这些裁决和判例是由专业法官或仲裁员根据国际法和相关条约进行审理和裁决的，因而具有高度的法律权威。国家和国际组织在国际法庭和仲裁机构的裁决和判例下有义务遵守，确保国际法的实施和执行。

其次，国际法庭和仲裁机构的裁决和判例为国际法的适用提供了具体案例和实践经验。这些案例和经验可以帮助解释和解决国际法中的争议和不确定性。通过分析和参考国际法庭和仲裁机构的裁决和判例，国际社会能够更好地理解国际法的适用范围和要求。

再次，国际法庭和仲裁机构的裁决和判例还具有司法创造性的作用。这些机构通过审理和裁决具体案件，不仅解决了当事人之间的争议，还为国际法的发展提供了新的法律原则和规则。一些重要的裁决和判例在国际法发展史上具有里程碑式的意义，对于国际法的进步和完善起到了重要的推动作用。

最后，国际法庭和仲裁机构的裁决和判例还对国际社会的法律文化和法治环境产生了积极影响。它们促进了国际社会的法治化进程，强调了国家和国际组织应当遵守国际法和国际法院的裁决。这有助于维护国际社会的秩序和稳定，促进国际社会的合作和发展。

（四）习惯国际法

习惯国际法是指基于长期实践和普遍接受而形成的法律原则和规范，虽然没有明确的条约形式，但同样具有法律约束力。一般原则法则是一些普遍适用于国际社会的法律原则，如公平原则、契约精神等。此外，国际司法实践也是国际法体系中的重要组成部分，国际法庭和仲裁机构的裁决和判例为国际法的发展和适用提供了重要的指导。

在国际法的类型方面，公法是其中最为重要的一种类型。公法涵盖了调整国家之间关系的法律规定，包括和平与战争、领土、外交关系等方面的法律规定。私法则是指规范国际私人关系的法律规定，如国际贸易、国际投资等方面的法律规定。此外，国际人权法、国际人道法和国际刑法等也是国际法中重要的类型，涉及保护个人权利、人道主义原则和跨国犯罪的法律规定。

国际法的制度和类型丰富多样，其中条约法作为其中最为重要的制度之一，通过国家间签订的条约来确立法律义务和权利。除了条约法之外，习惯国际法、一般原则法和国际司法实践等也是国际法体系中不可或缺的组成部分。不同类型的国际法涵盖了各个领域的法律规定，为维护国际社会的秩序和稳定发挥着重要作用。

在国际法的广泛领域中，习惯国际法是一种重要的法律制度。其不同于通过明确的条约形式确定的法律，是建立在国家之间的长期实践和普遍接受的基础上。习惯国际法的形成和适用依赖于国家之间的实际行为和普遍认可，而非具体的书面协议。

习惯国际法的形成通常经历以下过程：首先，国家在某一特定领域内表现出一致和持续的实践。这种实践可能涉及各种行为，如国家之间的外交、领土主张、国际合作等。其次，这种实践必须基于一种普遍的认可，即国家普遍承认这种行为具有法律约束力。最后，这种实践必须被视为法律义务而不是单纯的习惯或惯例。

习惯国际法的权威源于国家之间的一致实践和普遍接受，而非单一的法律文件或书面协议。这种法律制度的重要性在于它填补了国际法中条约无法涵盖的领域,并强调了国际社会的共同认知和行为模式。

习惯国际法的适用范围涵盖了多个领域,包括但不限于领土争端、国际人道主义法、海洋法、外交礼仪等。例如,在领土争端方面,各个国家长期以来的行为和实践为习惯国际法的形成提供了基础,如对领土的宣示和有效控制等。同样,在国际人道主义法中,一些被普遍接受的实践,如禁止使用化学武器、保护战争受害者等,已成为习惯国际法的一部分。

习惯国际法的形成和适用具有一定的灵活性和适应性。随着国际社会的发展和变化,习惯国际法也在不断演化和调整。新的实践和认知可以逐渐成为习惯国际法的一部分,反映了国际社会对法律规范的不断更新和完善。

二、国际法的主要类型

(一)私法

私法,也称为民法,是调整私人关系的法律体系,其范围包括了国际私人关系,如国际贸易、国际投资等方面的法律规定。在当今全球化的背景下,国际私法的重要性日益凸显,它为跨国企业、个人和组织之间的交易和合作提供了法律保障和规范。

首先,私法规范了国际贸易活动。随着全球经济的不断发展和国际贸易的蓬勃增长,国际贸易法成为私法领域中的一个重要分支。它规定了跨国贸易合同的签订、履行和解决纠纷的程序,保护了各方的合法权益。国际贸易法还涉及关税、海关手续、国际货运、国际支付等方面的规定,为国际贸易活动提供了稳定和可靠的法律框架。

其次,私法是关注国际投资的法律规范。随着全球资本的流动性增加,国际投资活动日益频繁。私法通过国际投资法规定了跨国投资者的权利和义务,保护了其投资的合法性和利益。国际投资法还规定了跨国投资的审批程序、投资保护机制、投资纠纷解决等方面的规定,为国际投资活动提供了法律保障和便利。

最后，私法还涉及国际合同、知识产权、公司法等方面的规定。国际合同法规定了跨国合同的签订、履行和解决争端的程序，保障了合同当事人的权益。知识产权法保护了知识产权在跨国范围内的合法性和权益，促进了创新和技术发展。公司法则规定了跨国公司的设立、运营和解散等方面的规定，为跨国公司的发展提供了法律保障和规范。

（二）公法

公法，即国际法，是指调整国家间关系的法律体系，其范畴涵盖了国家之间各种互动的法律规定，包括但不限于和平、战争、领土等方面。在当今复杂多变的国际环境中，公法扮演着至关重要的角色。它构建了国家间的法律框架，确保各国在彼此之间的行为受到明确的规范和约束。

首先，公法的核心在于维护国际社会的和平与安全。它规定了国家之间行使武力的条件和限制，强调了和平解决争端的原则，从而防止了冲突的扩大和升级。在公法的指导下，国际社会通过外交渠道和国际组织等机制来解决争端，促进了各方之间的对话与合作，为全球的和平稳定作出了重要贡献。

其次，公法规范了国家之间的条约和协定的签订、履行和解除等程序，以确保各方的承诺得到切实执行。国际条约是国际法的重要组成部分，通过合法的签署和批准程序，各国可以共同制定出解决共同挑战的方案，并对其进行约束和监督。公法为条约的签订提供了详尽的规则，包括谈判、签字、批准等程序，以及条约效力、修改和解除等方面的规定，从而确保了条约的法律效力和持续有效性。

再次，公法关注国家领土的界定和争端的解决。领土问题是国际关系中的重要议题，经常引发各种争端和纠纷。公法通过国界的明确定义和争端的解决机制，为国际社会提供了稳定和可靠的领土秩序，防止了因领土争端而引发的不稳定因素。

最后，公法还规定了国家在国际舞台上的行为准则和国际义务，包括但不限于外交关系、人权保护、国际合作等方面。国家在开展对外活动时，必须遵守公法的规定，尊重其他国家的主权和领土完整，以及国际社会的共同利益和价值观。

（三）国际人道法

国际人道法是一套重要的法律规范，旨在规范战争行为、保护战争中的受害者以及非战斗人员。这一领域的法律框架涵盖了战争法和人道主义法规，旨在减少战争的苦难和人道灾难，确保冲突中的人们受到必要的保护和尊重。

首先，国际人道法强调了在武装冲突中的基本原则和规则。这些规则包括禁止对平民的袭击、禁止使用残酷的战争手段、保护医疗人员和设施、尊重战俘的待遇等。这些规则旨在减少战争的悲剧性后果，保护无辜的平民和非战斗人员免受伤害。

其次，国际人道法规定了战争中受保护人员的身份和地位。这些受保护人员包括红十字会和红新月会员、医疗人员、战地记者、难民和流离失所者等。国际人道法要求各方尊重这些人员的权利和尊严，确保他们在冲突中不受攻击和不受任何形式的歧视。

再次，国际人道法规定了战争中使用武力的条件和限制。根据这些规定，各方在冲突中使用武力必须遵守国际人道法的规则，确保武力的使用符合国际法和人道主义原则。这包括限制对平民和非战斗人员的伤害，尊重人道主义法规和战争法的原则。

最后，国际人道法还规定了战争中的人道援助和救援活动。根据这些规定，各方必须尊重人道援助和救援工作者的地位和权利，确保他们能够安全地提供援助和救援，以满足战争中受害者的基本需求。

（四）国际人权法

国际人权法是一项重要的法律体系，旨在规范国家对个人的权利和义务，以保护人权和基本自由。这一领域的法律规定涵盖了广泛的议题，包括但不限于政治权利、经济、社会和文化权利、言论自由、宗教信仰自由、种族平等、性别平等、儿童权利、难民和移民权利等。国际人权法的目标是确保每个人都能享有尊严和平等，不受任意侵犯和歧视。

首先，国际人权法强调保护和尊重每个人的基本权利，无论其在哪个国家或地区。这意味着每个国家都有责任保护和尊重其国民的人权，无论其种族、宗教、性别、性取向、残疾状况或其他身份属性。国家在制定和执行法律时必须尊重国际人权法的规定，并确保其国内法与国际人权标准一致。

其次，国际人权法规定了各种机制和程序，以保障人权的实现和保护。这些机制包括国际人权公约、国际人权法院、国际人权机构等。国际人权公约是国家间达成的法律协议。这些公约确立了各种人权的基本原则和标准，国家必须遵守并保护其公民的权利。国际人权法院和机构则负责监督各国的人权状况，对侵犯人权的行为进行调查和裁决，并提供相关的建议和指导。

再次，国际人权法强调了个人在国际关系中的权利和义务。这包括了对国际移民、难民和流离失所者等特殊群体的权利保护。国际人权法要求各国对这些群体提供必要的保护和援助，确保他们能够获得基本的生活条件和人权保障。

最后，国际人权法还关注了对人权的教育、宣传和意识提高。这是为了增强公众对人权的认识和尊重，推动社会各界共同努力，促进人权受到普遍尊重和保护。通过教育和宣传，人们可以更好地了解自己的权利和义务，并为其维护和实现而努力。

（五）国际刑法

国际刑法是一套重要的法律规范，涉及跨国犯罪的法律规定，包括但不限于恐怖主义、跨国有组织犯罪等。这一领域的法律框架旨在协调国际社会的努力、打击跨国犯罪活动、维护全球安全和稳定。

首先，国际刑法着重规定了各种形式的跨国犯罪行为。这些行为包括恐怖主义、跨国贩毒、跨国走私、有组织犯罪、网络犯罪等。这些犯罪活动常常跨越国界，对全球社会造成严重威胁，因而需要国际社会共同努力，采取有效措施予以打击和防范。

其次，国际刑法规定了各国合作打击跨国犯罪的机制和程序。这包括了国际法律互助、引渡、联合调查等各种形式的合作机制。各国通过加强执法机关之间的协作，共享情报信息，开展联合行动，共同打击跨国犯罪活动，以维护国际社会的安全和稳定。

再次，国际刑法规定了对跨国犯罪分子的追究和惩处。根据国际刑法的规定，各国有权依法追究跨国犯罪分子的责任，并采取必要的措施予以惩处。这包括了对犯罪分子的逮捕、起诉、审判等程序，以确保他们受到应有的法律制裁。

最后，国际刑法强调了预防跨国犯罪的重要性。为此，各国需要加强执法能力建设，提高情报信息共享的效率，加强边境管理和监管，加强对潜在犯罪活动的预警和防范，从根本上减少跨国犯罪的发生和影响。

第三节 国际私法的主体与冲突规范

一、国际私法的主体

（一）外国人民事法律地位

外国人民事法律地位是指外国自然人或法人在内国享有民事权利和承担民事义务的法律状况。

在外国人的民事法律地位方面，主要有国民待遇、最惠国待遇、歧视待遇和非歧视待遇、互惠待遇等几种制度。国民待遇是指所在国应给予外国人以内国公民享有的同等的民事权利地位。最惠国待遇是指给惠国承担条约义务，将它已经给予或将来给予第三国（最惠国）的公民或法人的优惠同样给予缔约他方（受惠国）的自然人或法人。歧视待遇是指一国把不给予本国或其他外国自然人或法人的限制性规定专门适用于特定国家的自然人和法人，或者把给予本国或其他外国自然人或法人的某些优惠或权利不给予特定国家的自然人或法人。非歧视待遇是指国家之间通过缔结条约，规定缔约国一方不把低于内国或其他外国自然人和法人的权利地位适用于缔约国另一方的自然人和法人。互惠待遇是指一国赋予外国人某种优惠待遇时，要求它的公民能在外国人所属的那个国家享受同样的优惠。

（二）法人

法人是指依法定程序成立，具有组织章程与机构，拥有独立财产，能够以自己的名义享有民事权利和承担民事义务，并能在法院起诉应诉的组织体。外国法人要取得在内国活动的权利，无论大陆法或普通法，都认为必须经过内国的认许。外国法人的认许，即对外国法人以法律人格者在内国从事民商事活动的认可。它是外国法人进入内国从事民商事活动的前提。

（三）住所与国籍

住所是指一人以久住的形式而居住的某一处所。如何认定住所，曾有各种不同主张，但大多数学者及法院的实践是采用法院地法说，即主张依照法院的住所概念去认定当事人的住所究竟在何处。

国籍是指自然人属于某一国家的国民或公民的法律资格。在国际法上，把一个人同时具有两个或两个以上国籍的情况称为国籍的积极冲突，而国籍的消极冲突则是指一个人同时无任何国籍的情况。

二、国际私法的冲突规范

（一）冲突规范和准据法的概念

冲突规范是指定某一涉外民事关系应适用哪一国家或地区的法律的规范。经冲突规范指定，被用来具体确定涉外民事关系当事人的权利与义务关系的特定实体法，称为调整该涉外民事关系的准据法。准据法是按照冲突规范的指定所援用的法律，是能确定当事人权利与义务的实体法。

（二）准据法的表述公式和连结点

准据法表述公式是指在内外国法律的选择上，由各种具有双边意义的连结点来指引应适用的准据法的公式。常见的准据法表述公式有：①

属人法。传统上属人法是以当事人的国籍和住所为连结点的一种准据法表述公式。②物之所在地法。物之所在地法是民事法律关系的客体的物所在地方的法律。③行为地法。行为地法是指法律行为发生地（或行为的损害结果发生地）所属法域的法律。④法院地法。法院地法是指审理涉外民商事案件的法院所在地的法律。⑤旗国法。旗国法是指船舶所悬挂的旗帜所属国家的法律。⑥当事人合意选择的法律。⑦与案件或当事人有最密切联系的国家的法律。它是把各种客观因素经由法官的主观判断加以认定的一种"准据法表述公式"。

连结点是指冲突规范中就范围所指法律关系或法律问题指定应适用何种法律所依据的一种事实因素。

（三）识别冲突

识别是指依据一定的法律观点或法律概念对有关事实的性质作出定性或分类，把它归入特定的法律范畴，从而确定应援引哪一冲突规范的法律认识过程。

识别冲突是指依据不同国家的法律观点或法律概念对有关事实进行定性或归类所产生的抵触或差异。识别冲突产生的主要原因有：第一，不同国家的法律对同一事实赋予不同的法律性质，从而可能会导致适用不同的冲突规范。第二，不同国家对同一冲突规范中包含的概念的内涵理解不同。第三，不同国家的法律将具有相同内容的法律问题分配到不同的法律部门。

（四）反致

反致是指对于某一涉外民事关系，甲国（法院国）根据本国的冲突规范指引乙国的法律作准据法时，认为应包括乙国的冲突法，而依乙国冲突规范的规定却应适用甲国的实体法作准据法，结果甲国法院根据本国的实体法判决案件的制度。

反致的另一种形态叫转致。转致是指对于某一涉外民事关系，依甲国（法院国）的冲突规范本应适用乙国法，但它认为指定的乙国法应包括乙国的冲突法，而乙国的冲突规范又规定此种民事关系应适用丙国实体法，最后甲国法院适用丙国实体法作出了判决。

反致的第三种形态叫间接反致。间接反致是指对于某一涉外民事关系，甲国（法院国）冲突规范指定适用乙国法，但乙国冲突规范又指定适用丙国法，丙国冲突规范却指定适用甲国实体法作准据法，最后甲国法院适用本国的实体法来判决案件的情况。

（五）先决问题

先决问题又称附带问题，是指法院在解决当事人之间的争讼问题时，得以首先解决另一个问题为条件，这时便可把该争讼的问题称为"本问题"或"主要问题"，而把需要首先予以解决的问题称为"先决问题"。

一个问题是否能构成国际私法中的先决问题，必须满足三个条件。第一，主要问题依法院地国的冲突规则，应适用外国法作为准据法；第二，该问题本身具有相对的独立性，可以作为一个单独的问题向法院提出，并有自己的冲突规则可以适用；第三，依主要问题准据法所属国适用于该问题的冲突规则和依法院地国适用于该问题的冲突规则，会选择出不同国家的法律作准据法，得出完全相反的结论，并使主要问题的判决结果不同。

（六）法律规避

法律规避是指涉外民事关系的当事人为了利用某一冲突规范，故意制造出一种连结点，以避开本应适用的准据法，并使得对自己有利的法律得以适用的一种逃法或脱法行为。法律规避行为有四个构成要件：第一，从主观上讲，当事人规避某种法律是有目的、故意的；第二，从规避的对象上讲，当事人规避的法律是本应适用的强行法或禁止性的规定；第三，从行为方式上讲，当事人规避法律是通过有意改变连结点或制造某种连结点来实现的；第四，从客观结果上讲，当事人已经因该规避行为达到了对自己适用有利的法律的目的。

对法律规避的性质，学界有两种不同的观点。以努斯鲍姆和巴迪福为代表的一派学者认为，它是个独立的问题，不应与公共秩序问题相混淆。以梅希奥、巴丁等为代表的另一派学者则认为，法律规避属于公共秩序问题。中国学者多认为，法律规避是一个独立的问题，主要在于法律规避问题和公共秩序问题产生的原因不同，前者是当事人通过故意改变连结点的行为造成的，后者则是由于冲突规范所指定的外国法的内容及其适用的结果与冲突规范所属国的公共秩序相抵触而引起的。

（七）外国法的查明和适用

外国法的查明是指一国法院根据本国的冲突规范指定应适用外国法时，如何查明该外国法的存在和确定其内容。外国法的查明方法有：①由当事人举证证明；②法官依职权查明，无需当事人举证；③法官依职权查明，但当事人亦负有协助的义务。

当经过一切可能的方法或途径，仍不能查明外国法的内容时，应如何解决法律适用的问题呢？对此目前学界主要有以下几种不同的主张：①直接适用内国法是大多数国家采取的做法；②推定外国法与内国法相同，故而适用内国法的规定；③驳回当事人的诉讼请求或抗辩；④适用与本应适用的外国法相似的法律；⑤适用一般法理；⑥辅助连结说。

第六章　不同环境下法学实践教学模式的构建

第一节　应用型人才培养目标下的法学实践教学模式

一、探索学校协同、多元、开放的法学实践教学模式的重要性

法学教育的实践性是其内在生命力。毋庸置疑的是，实践教学是巩固理论知识、深化理论认识极为有效的途径。为探索新形势下的法学实践教学模式，我国开始倡导实践教学对于培养创新人才的重要性。一时间百家争鸣，关于学校法学教学模式改革培养应用型法律人才的研究成果不断涌现。然而，我国对于学校法学教学模式改革的探索更侧重理论层面，且深层次、系统性的研究成果较少，尤为缺乏系统梳理法学实践教学理论基础的整体研究与探究学校与实务部门协同创新的精细化研究。而国外研究法学实践教学模式改革的焦点主要集中于对法学学生法律实践环节等纯技术层面的增加上，主要包括美国的法律诊所式教学模式、澳大利亚以职业教育为导向的教学模式、英国等国家以法律教育为前提的职业教育模式三种。上述三种法学实践教学虽然形式多样，但对本国法律实践背后的历史基础与理论分析的研究成果较少。因此，整合国内外学校法学实践教学模式的综合优势，结合国内外法学实践教育改革的理论基础与实践经验，增强学校法学专业部门与实务部门的相互协作，探索形成符合法学社会科学性质及法律实务职业需求的协同、多元、开

放的法学实践教学模式，具有重要的意义。

学校法学教育与法律实务的内在连续性、不可分割性，是法学教育必须要将理论与实践教学相结合，法律技能培养与职业伦理训练相结合的决定因素之一。学校协同、多元、开放的法学实践教学模式的构建与实验符合人才培养目标要求，又利于充分利用各学校与政法实务部门之间的交流与联系建设法律实践教学职业团队，将学校学生在校学习的法律知识有机转化为法律职业技能实践能力，将学校人才培养与法律实务部门的需求相衔接、法律技能训练与职业伦理训练相结合，实现法学教育与法学实务的有机对接。

二、学校协同、多元、开放的法学实践教学模式的构建

新形势下，培养适应社会发展的卓越法律应用型人才已然成为各个学校法学专业教学发展的共识。然而，我国学校的法学实践教学模式还处于探索阶段，尚未构建完成法学实践教学的核心课程体系和学校与实务部门合作创新、协同共进的发展模式，学校法学实践教学过程中存在的问题较多。为满足我国经济社会发展过程中对培养创新应用型法律人才的要求，切实解决传统法学实践教学模式中长期存在的诸多问题，尽快构建与实验一种学校协同、多元、开放的法学实践教学模式十分重要。具体来说，构建与实验学校协同、多元、开放的法学实践教学模式包括以下三部分内容。

（一）协同

协同是指学校中法学院系与法律实务部门以两者间搭建的人才交流平台为载体协同开展深入合作，创造多样化、多元化的法学实践教学基地。传统的法学教学方法更加侧重理论知识的传授，使得学生的思维囿于教室的一方天地与手上的三五本课本。同时，学生缺乏实践的锻炼机会，直接导致法学学生对司法实践的程序与要求的不了解，便很难做到学以致用，待进入社会后才发现理论与实务的不一致，学生大多又需要较长的适应期与学习期，才能着手处理各类法律事务，这种实践能力较

差的现象也在一定程度上加剧了法科毕业生求职难的问题。为解决这些问题，在对法学教学方法进行改革时，应当对以讲解法律概念、传授法律知识为目标的传统教学模式进行必要的改革，畅通法学学校与法律实务部门之间的交流沟通渠道，将政法部门和法学院校、法学研究机构人员的双向交流机制不断完善健全。

除此之外，还应实施学校法学教师和法治工作部门人员互聘计划，推进法治专门队伍实现正规化、专业化、职业化，构建法学理论在教育界和法律实务界的法治人才交流培养基地，探索学校与实务部门之间法律教学资源和法律实务人力资源方面的协同创新合作。除传统的法学理论教学模式外，开拓学校法律实务核心课程体系，对英、美、法、德等国设置的增强法学教育实践性环节的经验进行有选择地借鉴。重视法学教育界和法律实务界的双向合作，常态化开展法律前沿实务讲座，为学生提供参与常规实践教学环节的机会，使法学教育界与法律实务界共同承担起人才培养的任务。探索法律实务部门与法学学校协同创新、相互衔接，共同构建卓越应用型法律人才培养新平台、新模式。

（二）多元化

多元化指的是在法学的实践教学中，形成纵向与横向的实践教学体系相结合的系统化、阶段性教学模式，构建贯穿学校本科法学专业不同年级和各个阶段的纵横交叉的法学实践教学课程体系。一方面，根据法学教育的教学方案，将法学专业中不同年级学生的知识结构差异纳入考量范围，不断探索具有适应不同年级的阶段性实践教学环节设置，以学生的一般接受能力为基础，完善纵向实践教学体系。另一方面，以"大实践教学"观为指导，探索理论教学与实践教学的横向优化设置，不同年级的理论教学跟进不同的实务模块课程及实践技能讲座等；同时融合学生第一课堂（理论课程和实践课程）和第二课堂（素质教育）的法律能力培养，使学生明确自我需求，合理构建横向实践教学体系。

法学是一门实践性极强的学科。法学院校制定应用型法律人才培养方案应与我国政法实务部门协同合作、多元推动、开放创新，建立以第一课堂（理论教学和实践教学）与第二课堂（素质教育）为载体，以法律职业能力和职业伦理为目标的多元实践教学体系。同时，法学院校还需要保障实践教学的学时数量占总学时数量的20％。在学校法学本科阶段人才培养过程中贯穿法学理论教学体系与实践教学体系，根据本科教育不同阶段学生的知识结构和实践能力隐形层次化教学，以能力培养为主线，完善人才培养方案。

（三）开放

开放是指随着社会需求和法学教育规律的发展，法学实践教学模式需要可持续性地不断调整。实践教学模式在贯彻实施法学教学方案中的定型化刚性规定的同时，还应当尽量保持原则性、规定性下的兼容多元化，按照新时期法学教育教学的改革目标和教学特点，根据实际情况或者结合个案灵活地加以创新。在教学方案的设置、学习氛围的营造、教育资源的应用、培养过程的展开、学生的支持服务以及对教学质量的监控和绩效评估等方面，结合法学教学自身特点和社会发展的现实，加强学校法学实践教学环节的不断探索。在学校法学实践教学模式的内容和形式上兼容并蓄、开放创新，贯穿坚持以学生为本的教育理念，解决传统法学实践教学过程中面临的具体实践教学环节形式和数量不足的问题，形成开放的法学实践教学模式。

三、学校协同、多元、开放的法学实践教学模式的实施方案

实践教学模式应当是一个开放的系统，构建方案应当根据实际情况或者结合个案灵活地加以创新。在学校法学应用型人才培养趋势逐渐得到认同的背景下，创建这种实践教学模式的重点应当是研究教学中如何适应人才培养模式改革进程，按照实践教学目标和教学特点，在课程设计、环境创设、资源建设、学习支持、过程实施及活动组织等方面，结合法学专业课实践教学的自身特点，在形式和内容上不断实现实践教学模式的优化。具体包括以下四个方面：

（一）法学实践教学模式的基本理论假设的确定

设定法学实践培养模式的基本理论假设是开展协同、多元、开放的法学实践教学模式的有效且重要的手段。在几种法学实践教育模式的选择上，案例教学法的优点在于成本较低，不需要额外的场所或资金支持，易于在学校中开展，且其本身需要依托于具体课程的设置，可以在讲授到部门法时便随即展开案例的探讨。但它的问题便是需要依托并受限于具体课程的进行。法律援助与诊所式教学是英美法系学校常采取的教学方式，对于学生法学素质的提高有很大的帮助，然而这种教学模式对经费与案件来源的要求较高。在英美法系与我国法学教育现状不尽相同的情况下，完全借鉴这种教学模式的必要性并不高。由于模拟法庭教学法是在校内开展的，因此各个学校可以根据其各自不同的教学方案设计与培养计划机动地对教学法的事实进行控制和调整，从而使其教学质量得到保证。在模拟法庭中，学生在教师的引导下可以直接实现从学校法学生到法律实务人员的思维与角色的双重转变，不仅可以促使学生体会角色转化的影响，而且可以极大地提升其实践能力。但该教学模式也存在着许多问题，如学生们的知识储备不足以应对复杂案件，能够参与到模拟的学生人数较少，庭审过程流于形式甚至趋于表演化，教学评价体系缺失等问题。总之，面对法律人才需求多元化的社会背景，各学校应当探索开放的法学实践教学模式。不同的教学模式各有利弊，面临社会发展的实务需求，学校法学教育应当响应卓越应用型法律人才培养计划和国家创新人才培养模式的号召，根据不同的学生培养方案与实践情况进行取舍。

（二）学校法学实践教学协同创新平台的构建

探索法学教育界与法律实务界、法学研究机构之间协同合作的多元化办学模式，充分利用校内校外双向资源，使法学理论教学与法律实践培养、法学教育规划与社会实际需要全面结合。法学教育中对理论学习的引导应当是由具有深厚的专业理论基础、对教学内容十分熟悉，以及能够做到准确把握教学的重点、难点和系统要求的人员负责。这部分无疑是校内的专业教师所擅长的。同时，法学教育还需要传授足够多的职业工作实践经验，以及真实地接触司法实务的机会。这些是校外专家与实践基地所能够提供的。学校法学实践教学协同创新平台应就学校法学专业人才培养目标、阶段性见习锻炼、法律技能实训、毕业论文成果研究等方面合作创新，探索、建设学校与实务部门之间的优质资源共享平台和前沿法律实务指导教学平台。力争拓宽学校实践教学环节，充分利用校内教师资源的同时，聘请校外资深的法学专家、学者、法官、检察官、律师指导实践教学，积极建立校外实习基地，为学生提供多样化、开放化的实践能力训练平台。

在实务课程群建设、前沿实务讲座、常规实践教学方面，探索如何充分发挥法律实务界的优势，让其深入参与到法学专业的实践教学环节，打破传统以学校为主的封闭式法学实践教学模式。加强与司法实务部门实践基地协作，通过参加公、检、法、律师等实务工作人员的讲座、办理案例分享、模拟法庭活动、旁听庭审等途径加强对学生实践技能的培训。利用实践中的热点案件，在实务部门指导教师的指导下开展真实案例的观摩与学习。加强学校与校外企事业单位、公检法、律师事务所等法律实务部门的深入合作，将有助于培养出依法治国真正需要的专业扎实、业务熟练、适应力强的应用型高级法律人才。

（三）法学本科阶段应用型法律人才培养方案的完善

法学的应用型人才指的是拥有扎实的理论基础及职业素养，同时又可以做到通过实践过程将所拥有的理论知识储备迅速转化为解决实际问题的灵活型人才。法学应用型人才培养体系包括专业理论课程体系和专业实践教学体系以及专业素质教育体系三部分，重点在于培养既具备扎实法学理论知识功底又具有熟练的法律职业技能的法律人才。

第一，根据法学培养的目标和"大实践教学观"的指导，需要考虑不同专业的法学学生之间的知识结构差别，探索具有年级、专业层次性的实践教学环节设置，科学构造纵横交错的多元化法学实践教学体系。具体表现为：根据法学本科教育不同阶段学生对法学理论知识结构的掌握能力和法律实务工作实际操作能力，结合教育部对学校法学理论课程体系的核心课程群设置，构建能够充分体现出法学教育特色的层次性的纵向实践培养体系；同时，穿插以"大实践教学"观为指导的横向实践教学体系，充分发挥法律实务界的优势，让实务部门深入参与学校法学专业的实践教学环节，充实跟进本科阶段法学专业学生不同知识结构的法律实务讲座和法律实践技能教学。纵向实践教学体系与横向实践教学体系相互协调、相互补充，共同促进法学专业学生以法学理论知识学习和法律实践技能培训为主的第一课堂和以学生素质教育发展为主的第二课堂的相互衔接和有机协调。探索构建学校法学专业理论知识、实践能力、职业伦理道德、综合素质全面发展的纵横交错、有机协调的法学实践教学体系。

第二，构建理论联系实际的多元化实践教学平台。通过学校本科阶段不同的实践教学环节设置，充实校外实务部门与校内部门相结合的多维实践场所，构建法学院校和政法部门协同合作、多元立体的法学实践教学模式。学校法学院在充分利用校内现有的教育实践资源和实务能力训练资源的基础上，探索引进校外律师事务所、法院、检察院等政法实务部门的法律实践能力技能培训模式，不断拓宽实践教学的外延。充分利用校内外理论资源、实践资源，使理论教学与实践教学得以多元组合，以全面增强学生的法学理论知识、法律实践能力和综合素质。

第三，探索层次化实践教学形式，实现实践教学形式的多元化。在实践教学中，根据学校本科法学专业学生在不同阶段、不同层次的培养目标，逐步推行实务讲座、实践教学模块、实务课程的实践教学；探索教学学期内以及假期的见习、能力实训、毕业实习等相互衔接、有机协调的法学实践教学模块。在多元化的法学实践教学形式下，打破传统法学教育重理论知识教育，法律实践能力培训零散不成系统的法学实践教学模式。

（四）法学实践教学模式规范运行的配套制度的完善

学校的法学实践教学模式的构造与开展是一个系统性的工程，其规范运行对相关配套制度的配合有较高的要求。探索形成包括创新学分制度、学生导师制、实践教学大纲、实践教学管理制度、实践教学质量监控制度、实践教学考核制度，以及实践绩效评价制度等在内的保障法学实践教学模式得以规范运行的相关配套制度，与学校法学理论教育及实践教学相结合，协同共建多元化、开放化的综合性法学实践教学模式。

第二节　复合型环保法律人才培养下的法学实践教学

一、检视地方本科院校环境法律人才培养

学校法学核心课程在原有的 14 门课程的基础上增加了环境与资源保护法学课程。相比传统课程，该课程从教学目标设定、拓展性课程配套、实践课程体系构建到师资力量配比等均存在差距。

（一）结合学科与职业进行实践教学

地方学校可以在环境与资源保护法学核心课程建设中加大投入，从而提高教学质量。在课时限制下，可以通过明确的教学目标来塑造学生的基本技能，如通过实践性的教学内容和案例分析等方法，培养学生的环境法律实践能力。专业选修类课程可以在民商、经济法等领域的基础上，增设更具针对性的环保法延伸课程，以满足有志从事环境法务工作的学生的需求。同时，可以优化法律专业设置，增加复合型环保和法律学科的综合课程，从而培养更多复合型环保法律人才，满足社会对于这方面人才的需求，促进地方学校与实际职业需求的有效对接。

（三）加强师资力量

环境与资源保护法学课程在地方学校法学课程体系建构中居次要地位，一般由主讲经济法、行政法的教师兼职讲授，在教学和科研上投入不足，也欠缺实操经验，因而导致出现教学效果一般、学生重视度不足、实际动手能力较差等问题。

二、夯实实践教学基础

（一）提升实践在理论课程内容的比例

应在高度重视、夯实理论课程教学基础上，提高环境与资源保护法学核心课程课时比重，拓展课程空间。理论讲授的同时加大对环境立法、执法、司法实践的介绍，以此拓宽学生视野，引领关注环境法律实践。

专业选修课程设计应因材施教，针对教育对象、市场需求、分类分层次开展。针对有志于从事环境法务的学生实施分流定向引导和管理，开设土壤污染防治法实务、固体废物污染防治实务、环境民事、刑事案例分析等选修课。应优化配置课程资源，实现跨专业选课，要求学生辅修环境工程、行政管理专业的课程并计算学分，作为考核内容。

（二）优化和创新实践教学方式

应在继承传统实践教学基础上，借鉴环境工程、管理等专业实践教学的经验，提质、提效优化和创新实践教学，综合适用集中实习和分散实习两种方式。针对分散实习，应做好实习引导和培训工作。针对集中实习，应分层次、分类型选择实习、实训基地，学校可与当地生态环境主管部门、人民法院、人民检察院、环境服务第三方等建立长期实践教学基地合作关系。优先安排学生去生态环境主管部门、人民法院环境资源庭、人民检察院公益诉讼部门实习，增加环境服务第三方、环境监测中心、专业化发展的律师事务所等单位作为实践教学基地。

可引入顶岗、轮岗实习方式，让学生以法官助理、检察官助理、律师助理、执法辅助人等身份深入执法、司法一线。在生态环境主管部门，学生入职各职能处室，了解大气、水、土壤等环境污染防治常规工作；在政策法规部门，关注环保政策法规的制定、实施，参与重大执法案件法制审核，参与行政执法案卷评查，参与行政复议和诉讼；在生态环境执法部门，参与环境执法工作，了解行政处罚、强制流程和要点；在人民法院环境资源庭，参与涉及环境的民事、刑事、行政类案件以及公益诉讼、生态损害赔偿诉讼案件；在人民检察院，可参与环境犯罪查处以及环境民事和行政公益诉讼；在第三方机构，了解环境管理中第三方作用以及工作内容和法律风险。探索在多个实习单位、实习岗位轮岗制，从多维度了解和掌握生态环境法务工作要点。另外，学校需要建立配套保障机制。以合作协议方式确立校外实习基地导师负责制，建立双方互考评机制，明确双方在学生管理、学习、安全上的责任。

（三）建立完善实践教学考核机制

实践教学是人才培养方案的重要构成内容，其考核体系建设系教学质量评估应有之义。应结合教学大纲编制考核大纲，考核方式以提交书面实践材料和面试两种方式开展，各占一定分值比重。书面实践材料涵盖模拟法庭卷宗及总结，职业技能培训总结，专业实习、见习日志，协助办理复议、诉讼、执法案件卷宗及总结等。面试则主要针对实践环节中对涉及问题进行口试。应细化和分解考核能力指标，设计有差别赋分机制。

（四）积极引进环境法律师资

优良师资是学校人才培养关键，是高等教育实现高质量发展的重中之重。应着力打造精品课程教学团队，提升团队中"双师型"专职教师比重。鼓励教师积极参加环境法律学科培训、以专家顾问、律师等身份参与地方环境立法、执法和司法活动，融入地方环境法治建设。可探索跨部门挂职锻炼。积极引进校外师资，探索与实务部门合作培养新模式，以聘请法院、检察院、生态环境主管部门、环境监测机构、环境咨询机构等单位高学历、高职称、实践经验丰富的专家以承担基础课程授课、培训、实习指导等方式补充校内的师资力量。

第三节　民航强国战略下法学实践
教育培养模式的构建

一、航空法学职业化实践教育培养模式提出的背景

"中国交通运输方式正在激烈洗牌，未来铁路和民航的交通价值将发挥越来越大的作用，民航的基础设施更应该前瞻性布局规划，加大投资建设，补足短板。"①

目前，我国正处于由民航大国向民航强国发展的过程中，民航产业的做大做强对民航人才的需求不断加强，而能够服务民航的航空法学实务人才更是促进民航由大到强转变的重要影响因素之一。但是，目前我国民航院校的法学教育培养模式存在问题，没有形成以航空法为特色的法学教学体系导致我国航空法学人才并不能满足现实需求，人才数量与质量均与民航强国战略不太适应。这不仅在微观上影响民航院校法学学生的就业及航空法学的发展前途，而且在宏观上影响民航强国战略的实施。

为此，民航院校的法学教育必须改革现有的教育培养模式，在遵循教育外部关系规律的前提下主动适应民航经济的发展，重新定位办学目标、教学培养模式等形成系统的、综合的职业化实践性教育培养模式，以促进民航院校法学学生就业的同时促进民航强国发展战略的实施。

二、航空法学职业化实践教育培养模式的构建

航空法学职业化实践教育培养模式改革是一个系统工程，需要结合民航强国战略精心设计，从基本框架、培养方式、教学体系三个方面进

---

① 赵巍. 民航在交通强国战略中的作用与挑战 [J]. 大飞机，2023（10）：56.

行合理构建。

（一）培养模式的基本框架

为了构建具有明确目标性、系统性和特色性的航空法学职业化实践教育模式，学校提出"四个一"工程。具体是指强化一个重点，即建设民航强国为重点；发展一个专业，即建设与发展具有行业特色的航空法学专业；夯实一个平台，即打造航空法学职业化实践教学平台，培养一批人才，即培养大规模的服务民航的航空法学人才。

（二）培养模式的培养方式

积极加强与民航实务部门的联系，进行校企等联合培养，以拓展教学资源，共享教学成果。民航企业和民航院校共同构建基于行业标准的教师与学生培养平台：一方面，选派教师到航空企事业单位学习，打造具有行业认可、理论实践结合的"双师"素质航空法学专业教学团队；另一方面，选派优秀学生到航空企事业单位学习、实习，以加强产学合作，培养满足市场需求的航空法实务技能人才，从而实现"双赢"。目前，中国民航大学法学院研究生导师遴选实行"双导师"制，研究生可在"二导"所在单位实训和参加他们的课题或案件。

（三）培养模式的教学体系

法学具有的先天职业背景决定了法学教育是一门应用性学科，具有较强的社会性和实践性特点。而民航业更是一门实践性学科，所以航空法学天生具有职业化、实践性的特点。因此，教学体系必须满足航空法学的职业化性质和民航的实践性本质。具体表现在：

1. 课程设置

课程设置上既要强调学术性更要强调实践性。具体包括两大模块：第一模块是民航与法学基本理论知识，第二模块是航空法理论与实践课程。第一模块以民航概论和法学的14门必修课为导航课，具体包括民用航空基础、航空器基础知识、空中交通管理、机场及空港、航空运输及运营、航空运输安全及监管、法理、宪法、民商法、刑法、诉讼法、国际法等。第二模块的航空法理论课主要分为航空法概论、航空法律文献检索、航空公法、航空私法，在此基础上根据不同院校的优势和特色细分为航空商业与法律、航空运输法律和政策、航空保险法、航空电子信息服务法律、航空航天知识产权法、航空器事故调查与法律航空刑法、航空犯罪与预防、航空保安法、卫星通讯与法律、民航行政监管、国际航空法、比较航空法、航空航天法、外层空间法、国际航空法等。

2. 教学方法

航空法学不仅给学生传授航空法学理论，而且还要让学生运用相关理论解决航空运输生产在实践中碰到的法律问题。这就需要充分运用各种教学方法从听说读写四个方面锻炼学生的实际能力和素养。听是指听教师传授各部门法的课程；说是指通过辩论法、情境模拟法、案例教学法、探讨教学法等方法锻炼学生的语言功能，将之用于民航法律的实务中；读是指大量阅读在法律文献课程中查找到的文献书籍、法院判例等，深入了解民航与法律知识；写是指通过学年论文、毕业论文、读书报告、案例分析报告、实习报告、模拟法庭法律文书等锻炼学生的动手能力。总之，运用这些教学方法增强学生对航空法学的感性认识激发学习的兴趣最大限度地调动和提升他们的应用能力与实践能力。

3. 考核与评价体制

航空法学人才的考核与评价体制要脱离传统的单一考核方式和评价体系，不再单纯以"分数"论英雄。而是设计一套合理的、综合的评测体系。首先，制定考评标准。针对不同的理论课程与实践课程设计不同的标准。理论课程注重理解与分析，实践课程注重操作与运用，因而应有不同的标准。其次，考评主体应多元化。为了发挥学生的主动性能力，在考评过程中应采用以教师考评为主学生自助互评和实习单位考评为辅的考评方式。最后，考核方式多样化。学习内容的丰富多样决定了考评形式的多样化，不限于传统的笔试，还可以采取口试、实践报告、现场答辩等。考评方法不仅重学习结果更重学习过程，对于评价学生的综合素质特别是实践能力具有重要意义，能够反映出学生的航空法学实践能力与理论功底。

4. 实施效果评价

构建的航空法学职业化实践教育培养模式是否能够真正为实现民航强国战略目标服务，需要一个合理的实施效果评价机制。为此，我们一方面从教学角度进行检测，主要从三个维度检测上述提出的课程设置、教学方法、考核与评价体制等落实到位，具体包括培养航空法法学素养的深度、拓展民航通用知识的广度和强化航空法务应用技能的熟练度。另一方面，从学生就业角度进行评价。航空公司如果只要懂法律的人才大可以从一些综合性名牌大学或政法院校招人，民航企事业单位更希望能够有具备民航知识背景和技能的多元化复合型实践人才从事具体的工作。因此，是否落实了航空法特色实践教育就看民航院校是否培育出了真正能为民航单位服务的毕业生，使其能够从容上岗就业。因此，可以从学生就业的角度评价航空法学实践教育模式，一方面从学生是否能进入民航企事业单位就业来评价，另一方面从就业后能否获得就业单位良好的反馈进行评价。

总之，在民航强国战略实施的过程中，民航院校的航空法学专业必须立足于现实制定航空法学人才培养模式总体改革方案，探索建立标准化、体系化的航空法职业化实践教育模式，在促进航空法学发展的同时提升航空法人才职业能力和职业素质，以满足我国民航发展的需要。

参考文献

［1］关保英. 行政法典制定中中国行政法优良基因的存续［J］. 法学，2023（11）：42.

［2］郭伟. 依法治国要更加充分地保障权利和维护自由［J］. 理论与改革，2014（6）：10.

［3］赵巍. 民航在交通强国战略中的作用与挑战［J］. 大飞机，2023（10）：56.

［4］樊颙. 法学概论［M］. 上海：立信会计出版社，2011.

［5］苗金春，杜立聪. 基于应用型人才培养目标下的法学实践教学模式探析［J］. 潍坊学院学报，2019，19（5）：81－84.

［6］任英欣. 法学实践教学改革研究——以复合型环保法律人才培养为视角［J］. 法制博览，2021，（9）：175－176.

［7］包姝妹，杨惠. 论民航强国战略下航空法学职业化实践教育培养模式的构建［J］. 教育与职业，2013，（3）：96－97.

［8］齐望均，王巍. 论新环保法与地方政府的绿色经济发展——以培养复合型环保法律人才为视角［J］. 法制与社会，2015，（19）：166－167.

［9］孙彬. 法学概论［M］. 广州：岭南美术出版社，2002.

［10］程木英，陈明静，马泽洪. 法学概论［M］. 北京：中国人民公安大学出版社，2010.

［11］杨敏，程南，唐英. 公司法［M］. 北京：中国政法大学出版社，2019.

［12］任春玲. 公司法原理与实务［M］. 北京：北京理工大学出版社，2021.

[13] 金晓文. 中国公司法原理与适用 [M]. 北京：中国法制出版社，2017.

[14] 郭宏彬. 保险法论 [M]. 北京：中国政法大学出版社，2019.

[15] 王雨静，郭雷副. 保险法基础与实务 [M]. 北京：中国政法大学出版社，2014.

[16] 臧百挺. 论法与自由 [J]. 商品与质量，2012（S4）：200.

[17] 杨妮亚. 法的价值冲突及其解决机制研究 [J]. 商，2016（27）：253.

[18] 周旺生. 法的渊源与法的形式界分 [J]. 法制与社会发展，2005，11（4）：122－133.

[19] 刘旭. 法的形式正义 [J]. 职工法律天地，2017（10）：24，26.

[20] 杨九凤. 浅议法的价值 [J]. 商，2016（9）：217.

[21] 王瑞山. 论法的价值追求及实现 [J]. 读书文摘，2016（26）：110－111.

[22] 邬沈青. 法的作用与法治的要义 [J]. 华章，2007（5）：98－99.

[23] 张烽. 从法的运行角度透视公证权 [J]. 中国公证，2008（6）：28－30.

[24] 胡建淼. "无效行政行为"制度的追溯与认定标准的完善 [J]. 中国法学，2022（4）：135.

[25] 田时雨. 行政赔偿因果关系问题研究 [D]. 重庆：西南政法大学，2021：3.

[26] 关保英. 论具体行政行为程序合法的内涵与价值 [J]. 政治与法律，2015（6）：2－14.

[27] 田文利，张艳丽. "行政行为"论 [J]. 中国社会科学院研究生院学报，2010（4）：68－74.

[28] 邓楚开. 论行政行为的成立要件 [J]. 山东社会科学，2013（5）：103－107.

[29] 郭丽云，崔国军. 论行政赔偿的构成要件 [J]. 科园月刊，2011（5）：11－12.

［30］邱莉. 浅谈行政赔偿［J］. 青年与社会，2011（2）：67－68.

［31］宋莉娜. 论我国的行政奖励制度［J］. 企业家天地（下旬刊），2013（9）：53－55.

［32］卫元江. 论经济法的基本原则［J］. 洛阳师范学院学报，2004，23（5）：111－112.

［33］陈伟航，韩艳. 论经济法的起源［J］. 甘肃政法成人教育学院学报，2002（2）：7－10，33.

［34］廖勇. 论经济法的建构性及其功能的发挥［J］. 西南民族大学学报（人文社会科学版），2007，28（9）：81－86.

［35］杨永清，潘勇锋. 公司法修订若干问题探讨［J］. 法律适用，2023（1）：23－34.

［36］龚婉. 行政法的知情权保护和法律价值［J］. 区域治理，2022（35）：114－117.

［37］余厚宏. 我国行政法基本原则研究的困境及其路径展望［J］. 哈尔滨师范大学社会科学学报，2016，7（4）：52－54.

［38］何志鹏. 国际法在新时代中国的重要性探究［J］. 清华法学，2018，12（1）：5－30.

［39］丁吉爽. 物权行为作为民法工具的意义［J］. 法制博览，2023（3）：27－29.

［40］杨立新. 民法典对我国民事权利保护方法的成功改造［J］. 国家检察官学院学报，2022，30（4）：133－157.

［41］杨立新. 民事权利客体：民法典规定的时隐时现与理论完善［J］. 清华法学，2022，16（3）：20－39.

［42］张建文.《民法典》与新型民事权利保护［J］. 甘肃政法大学学报，2021（1）：11－20.

［43］贾邦俊，包志会. 民法典：民事权利布满全篇［J］. 天津法学，2020，36（4）：39－47.

［44］宫秀花.《民法典》民事权利的基本保障和重要遵循［J］. 法制与社会，2021（7）：5－6.

［45］张伟. 民事权利与社会治理模式问题探索［J］. 河北青年管理干部学院学报，2021，33（5）：47－51.